사유의 여백

사유의 여백

전오영 서평집

수필과비평사

| 작가의 말 |

텍스트와 인간

　현대는 사회 각 분야에서 AI가 인간의 영역을 대체하고 있다. 특히 기존 데이터 학습을 기반으로 새로운 콘텐츠를 생성해내는 인공지능 기술인 생성형 AI(Generative AI)의 출현은 우리 사회에 충격을 주고 있다. 그도 그럴 것이 글쓰기는 물론 이미지 생성 및 음악 작곡과 영상 편집 등 다양한 형태로 콘텐츠를 만들어낼 수 있기 때문이다. 여기서 끝이 아니라 기술은 점점 더 빠른 속도로 진화하고 있다. 이러한 시대에 인간의 존재 이유를 묻지 않을 수 없다. 두말할 나위 없이 인간의 이유는 텍스트를 기반으로 한 사유와 감성일 것이다. 그러나 현실은 녹록지 않다. 거대 산업사회를 맞아 인문학이 변방으로 밀려나는 현상과 인공지능에 의지하는 삶의 변화는 인간의 사유와 감성을 소외하고 있다. 즈음하여 이 책은 기획되었다.
　최근 손바닥 수필과 손바닥 동시의 출현이라든가 소설과 평론의 분량이 줄어드는 현상도 이 같은 사유와 감성의 소외라는 시대적 흐름의 연장선에서 해석할 수 있다. 본 평론집 또한 이러한 시대적 흐름에 따랐으며 짧은 평문의 특성을 반영해 '손바닥 서평'이라 명명했다. 그렇다고 일률적으로 짧은 형식만을 취하지는 않았다. 그간 《새전북신문》에 연재하고 문예지에 발표한 서평에 평론적 입장을 가미해 묶었다. 이는 40권의 짧은 평이나마 바쁜 일상 속의 독자를 텍스트로 안내하기 위한 목적이기도 하다. 더불어 사유의 확장과 감성의 발현을 염두에 둔 읽기의 읽기였다.

  소개된 텍스트들을 통해 느꼈던 점은 세계는 유동하고 그 변화의 내부에 존재자들의 비활성적 여백이 곧 희망이라는 것이었다. 미처 살피지 못한 부분이 있다면 혜량하여 주기 바라며 부족하나마 《사유의 여백》에 소개된 각각의 텍스트를 통해 인간을 인간이게 하는 사유와 감성 그리고 서정이 긴밀해지는 기회가 되었으면 한다.

2025년 10월 전오영

| 목차 |

작가의 말 - 4

제1부 말의 유비를 넘어선 성찰의 공간

사유의 차위差位, 사이 혹은 경계 - 12
  -《노장사상》박이문

가치 전도의 소리굽쇠 - 16
  -《우상의 황혼》프리드리히 니체

실존의 역설과 유동의 미학 - 20
  -《모래의 여자》아베 코보

요나적 공간, 몽상의 시원 - 23
  -《꿈꿀 권리》가스통 바슐라르

함께 존재하기 - 28
  -《불화》자크 랑시에르

침묵의 고고학 - 34
  -《광기의 역사》미셸 푸코

소명으로서의 외畏 - 38
  -《소명으로서의 정치》막스 베버

전도된 진실, 그 배후 - 41
  -《시뮬라시옹》장 보드리야르

미결정의 여백 - 45
  -《텍스트의 즐거움》롤랑 바르트

말의 유비를 넘어선 성찰의 공간 - 49
  -《말과 사물》미셸 푸코

제2부 그리움의 망탈리테

그리움의 망탈리테 - 58
   - 《그리움 쪽에서 겨울이 오면》 배귀선

나 없는 나의 세계 - 62
   - 《장자, 도를 말하다》 오쇼 라즈니쉬

포스트 휴머니즘적 존재자론 - 66
   - 《객체들의 민주주의》 레비 브라이언트

데카당 문학의 역설, 영혼의 진통제 - 72
   - 《도리언 그레이의 초상 1890》 오스카 와일드

새로움을 향한 낭만성 - 76
   - 《군도》 프리드리히 실러

고백문학의 페르소나 - 80
   - 《가면의 고백》 미시마 유키오

자유와 구속의 딜레마 - 84
   - 《자유로부터의 도피》 에리히 프롬

시간 여행자의 희원 - 88
   - 《제5도살장》 커트 보니것

이미지와 폭력 - 93
   - 《타인의 고통》 수전 손택

지혜의 길로 이끄는 안내자 - 98
   - 《형이상학》 리차드 테일러

제3부 묵시적 주체의 미학

앙가주망의 인간학, 낙관적 독트린 - 104
- 《실존주의는 휴머니즘이다》장 폴 사르트르

차이의 존재론 - 109
- 《차이와 반복》질 들뢰즈

시지각 예술, 사진 읽기 - 113
- 《발터 벤야민, 사진에 대하여》발터 벤야민

묵시적 주체의 미학 - 116
- 《공포의 권력》줄리아 크리스테바

예술의 본질과 삶의 의미 - 123
- 《키치, 우리들의 행복한 세계》조중걸

무사유無思惟의 윤리성 - 129
- 《예루살렘의 아이히만》한나 아렌트

저항과 굴종 - 133
- 《우리들의 일그러진 영웅》이문열

공포의 중력 - 137
- 《우상의 눈물》전상국

진보, 달고도 쓴 - 145
- 《무서운, 멋진 신세계》김병익

물음의 이면 - 149
- 《소유의 종말》제러미 리프킨

제4부 여백의 사유 혹은 사유의 여백

경계를 사는 과정적 주체 - 154
　- 《시적 언어의 혁명》 줄리아 크리스테바

여백의 사유 혹은 사유의 여백 - 159
　- 《지식의 고고학》 미셸 푸코

진리의 노정 - 163
　- 《니체와 하이데거》 박찬국

낭만주의 정신과 미완의 문학 - 169
　- 《가나》, 〈가나〉·〈구름동 수족관〉 정용준

사진의 감정 현상학 - 177
　- 《밝은 방》 롤랑 바르트

애민의 경전經典 - 180
　- 《목민심서》 정약용

비선형의 감성 - 185
　- 《에로스의 눈물》 조르주 바타유

실존의 묵시록 - 189
　- 《닫힌 방》 장 폴 사르트르

까다로운 주체의 목소리 - 193
　- 《적을수록 풍요롭다》 제이슨 히켈

다시, 인간을 묻다 - 202
　- 《지구의 절반》 에드워드 윌슨

제 1 부

말의 유비를 넘어선 성찰의 공간

사유의 차위差位, 사이 혹은 경계
- 《노장사상》 박이문

   이 책은 노장사상에 스민 철학적 도와 진리, 종교적 무위와 실천, 그리고 이념적 소요와 가치를 내재적으로 분석한다. 그간의 주석 비평이 아닌 노장철학의 내적 구조를 분석함으로써 동서양 사유의 차위 혹은 경계를 논한다. 동서 철학의 존재론적 차이를 모체 개념인 '도'와 '이성', 즉 비언어성과 언어성으로 설명한다. 노자의 '도가도비상도道可道非常道'에 스민 역설의 논리가 비언어적이라면 체계화된 개념의 논리를 장착한 서양철학은 언어적 특성을 지닌다. 그러니까 본질을 중시하고 동일하지 않은 것들을 동일하게 만들고자 하는 개념 철학자가 칸트와 하이데거라면 노자와 장자의 도는 개념화될 수 없는 것으로 기하학적 선이나 수학적 관계를 이해하는 경우와 달리 개념을 무화시키는 사상으로 본다. 노장철학뿐만 아니라 유가철학을 포함한 동양의 '도'가 일원론적 곡선으로 인식된다면 서양의 '이성' 형이상학은 이원론적 직선으로 서술된다. 정신과 물질로 이분되기 이전의 일원론적 존재론에 귀착한 노장사상에서 언어는 대상을 분절시키는 것으로 존재 자체를 파괴하는 것과 같다. 요컨대 동양의 '도'로 지칭된 실체는 직관적 인식 대상인 반면 서양의 '이성'으로 표기된 실체는 논리적 파악의 대상이라는 것이다.

존재는 언어(이성)를 통하지 않고서는 지각될 수 없다는 데리다의 인식에 따르면 언어 이전의 객관적이고 절대적 존재를 운운하는 것 자체가 무의미한 일이다. 따라서 개념화하는 것을 부정하기 위해 언어를 사용한 노장철학의 논리가 흔들릴 수 있다. 그럼에도 불구하고 서양철학이 미치지 못하는 심오함이 있다. 언어로 차별하는 대상을 차별되지 않은 단일한 전체로 인식하는 존재에 대한 견해 때문이다. 즉, 이분법적 논리로서 다른 곳으로의 도피나 플라톤적 가사세계可思世界가 아닌 현상 자체를 부정하지 않으며 '하나'라는 진리 추구에의 노정이라는 맥락이다.

노장의 이념과 가치를 밝혀주는 논리가 지락至樂과 소요逍遙라면 무위無爲는 그러한 이념을 실천에 옮길 수 있는 행위 원칙이다. '무위이무불위無爲而無不爲'란 행하지 않으면서 모든 것을 이룬다는 것으로 적극적인 노장의 행위 준칙이다. 선택하지 않는 것도 하나의 선택이라는 사르트르의 말처럼 행하지 않음으로써 의사를 표명하는 역설이 깊다. 말하자면 도라는 개념은 이념과 행동을 뒷받침하는 형이상학으로 도를 도라고 하면 도가 아니라는 역설의 논리는 고정이 아닌 사유의 유연함이다. 북해의 곤이 붕으로 변화될 수 있는 긍정으로써 삶은 고통이 아니라 낙[樂]이며 '구속이 없는 절대의 자유로운 경지에서 노니는 것'으로서 소요유와 같은 것이다. 일테면 노장철학에 나타난 인생관은 삶의 달관이나 도피가 아니라 지락至樂으로써 현실 속에서 행복을 지향하는 철학이라는 결론이 여기서 도출된다.

결과적으로 해결되어야 할 인간의 근본적 문제를 삶의 외부적 조건이 아니라 인간 내면의 우환으로 인식한 노장사상은 일원론적이다. 반면 인간의 근본적인 문제를 공포로 인식하는 기독교는 서양철학의 하부에 자리한 이분법적 전통 형이상학과 일치한다. 이 때문에 플라톤에서부터 데카르트, 사르트르에 이르기까지 이원론적 존재론이라는 논지다. 이렇듯 저자는 동양의 일원론적 곡선의 세계와 서양의 이원론적 직선의 세계에 드리운 사유의 차위를 논의의 중점으로 보여준다.

인간과 자연을 구분하지 않고 전체 속에서 하나의 고리로 작용하는 동양의 곡선적 사유가 자연주의적이라면 서양의 직선적 사유는 인간중심적 자연관에 가깝다.

그동안 자본주의 생리는 서양철학의 우월성을 의심하지 않았지만, 동양철학의 재비평과 재평가를 통해 동서양 사유의 차위差位가 낳은 인생관, 세계관, 가치관에 대해 언급한 것이다. 하지만 직선이 곡선을 함의하고 곡선이 직선으로 변화할 수 있듯 동서양 사유의 다름에는 사이 혹은 경계의 긍정적 이미지가 내재한다. 이 철학 에세이가 두 세계의 조화를 이면화한 이유다.

가치 전도의 소리굽쇠
-《우상의 황혼》프리드리히 니체(박찬국 옮김)

　기존의 가치 체계에 반하는 언어의 망치를 든 자로서 니체를 쇠망치의 철학자라 부르기도 한다. 니체의 저서 중 비교적 후기 저작에 속하는 이 책은 근대를 극복하고 새로운 윤리적 태도를 확립하고자 한 데서 니체 철학의 집약서라 할 수 있다. "이 작은 책은 중대한 선전포고"이며 "1880년 9월 30일, 《모든 가치의 재평가》 제1권이 완성된 날"이라고 서문에서 언급한 것처럼 니체는 이성을 덕이며 행복이라고 본 소크라테스적 서양 형이상학 문제와 쇼펜하우어의 염세주의 등 기존 가치의 재평가를 시도한다. 기실 외형은 "작은" 책이지만 그 안에는 시대를 향해 전쟁을 선포한 니체의 철학적 사유와 잠언의 화살들로 가득하고 그의 사상 전반이 녹아 있어 외려 묵직하다.

'잠언과 화살'에서부터 '쇠망치(Hammer)는 말한다'에 이르기까지 열한 개의 챕터로 구성된 이 책은 챕터별 층위가 체계적이지 않다. 하지만 시종 시대의 우상이라는 쥐를 잡는 니체 자신을 비유적으로 언표화한다. 시대마다 화두가 있게 마련이듯 계몽시대에는 이성이 화두였다면 니체가 살았던 19세기는 도덕주의적 사고가 팽배했던 시대로, 형이상학적 이원론 사유 방식이 지배하는 세계였다. 예컨대 니체는 시대의 관점 전환 차원에서 가치 전도의 철학을 주창하는데 이는 플라톤주의적이고 그리스도교적인 이원론에 입각해 이성을 우위에 두고 감성을 말살하는 기존 가치들의 위선과 허구성을 폭로한다. 모든 가치의 평가 원리를 '힘에의 의지'에서 새롭게 정립하고자 한 것이다. 힘에의 의지란 자기의 내부에서 자신을 고양시키는 힘이다. 즉, 서양 역사에서 본질과 생성이라는 이원론적 사유의 견고한 성에 균열을 가하고 새로운 가치를 정립하려는 힘이나 다름없다. 니체의 자서전이라 불리는 《이 사람을 보라》, 〈나는 왜 이렇게 좋은 책을 쓰는가〉(아카넷, 2022)에서 그는 자신의 저술들이 현대인(특히 19세기 독일인)에게 읽히지 않는 것은 가치의 전환이 안 되어 있기 때문이라며 자신의 승리는 쇼펜하우어의 승리와는 정반대에 있다고 말한다. 인간이 어떻게 자기 자신이 되는가의 문제를 다루는 그의 목소리는 오만한가 하면 힘에의 의지를 분출하는 데서 사자후를 연상게 한다.

니체는 피안의 세계를 참된 세계로 간주하면서 지상의 세계를 가상으로 생각하는 태도를 두고 지상에 살아 있으면서도 실질적으로는 죽어 있는 것이나 마찬가지인 우상의 시대가 저물어가고 있음을 통찰한다. 특히 기존의 이성 숭배 철학은 수천 년 동안 이성 우위에 둔 숭배를 강요함으로 생명이 지닌 특성을 앗아가 박제화하거나 개념의 미라와 같은 맹목적 안정화의 욕망을 불어넣었다고 비판한다. 말하자면 이 세계는 원자적 실체도 신이나 자아와 같은 정신적 실체로 이루어진 것이 아니라 대지적 존재들이 서로 영향을 주는 가운데 각각의 힘에의 의지로 이루어진다고 본 것이다. 때문에 니체 철학에서 우상은 기독교적 신만을 의미하지 않는다. 인간 삶에 점철된 철학, 예술, 이성, 도덕적 인상주의 등을 포괄한다. 니체는 "한 시대의 우상들이 아닌 영원한 우상들"에 대해 소리굽쇠를 갖다 대듯 쇠망치를 갖다 댄다. 하여 유럽 철학의 키르케[1]였던 그의 철학이 후대에 지대한 영향을 끼쳤음을 부인할 수 없다. 대다수의 사람들이 시대를 관통하는 패러다임에 순응할 때, 이전 시대의 불합리한 가치에 대해 저항하고 우상의 황혼기가 도래할 것을 언급한 이면엔 생성 세계를 긍정하는 니체의 철학적 함의가 있다.

  문학적 철학자로 불리는 니체의 철학은 非철학적인 파토스적 문체의 특징을 지니기도 한다. 예컨대 "신이 좋아하는 성자는 이상적인 환관宦官"과 같은 은유는 기본이고 그 외에도 곳곳에서 문학, 예술, 정치 등을 문학적 반어와 역설로 일갈한다. 계란으로 바위를 치듯 그 시대의 단단한 인식의 틀에 자신을 던지는 니체의 문체에서 비장미가 느껴진다. 더

---

[1] 호메로스의 《오디세이》에 나오는 마법사 키르케는 오디세우스의 부하들에게 마법의 술을 먹여서 멧돼지로 변하게 했으나 다시 마법으로 원래대로 돌려놓은 것으로 전한다.

하여 우상의 황혼기를 맞이하기 위해 세계를 바르게 보는 법은 사물이 자신에게 다가오게 하도록 눈을 훈련하는 것이며, 가벼운 발이 모든 근육에 흘러넘치게 하는 것으로써 춤을 추듯 배우고 사유하는 방법을 제시한다. 말하자면 인간이 인간으로 존재하는 생명성은 우상에의 종속이 아닌 의지의 훈련에 있음을 우회적으로 언급하는 데서 문학과 철학의 사이에 존재하는 듯한 느낌을 준다.

결국, 시대를 달리해 존재하는 우상은 존재의 파괴자와 같다. 따라서 니체의 물음은 과거와 미래를 규합하는 현재형일 것이다. 때문에 니체 철학은 현대에도 유효한 코드로 작동한다. 허무주의 극복을 위한 가치 전도의 철학자, 니체의 목소리에 최첨단의 21세기에도 귀 기울이는 이유다. 물론 니체의 철학적 담론에 경도되는 것 역시 경계해야 할 일이다. 니체가 당대의 문제를 인식하고 형이상학적 틀을 비판한 것처럼 현대는 현대의 시선으로 이 시대의 문제를 성찰하라는 소리굽쇠이다.

실존의 역설과 유동의 미학
-《모래의 여자》아베 코보(김난주 옮김)

    한 남자의 실종 사건을 중심으로 디아스포라적 실존의 역설과 모래의 유동을 미학적으로 형상화한 이 책은 일견 보르헤스의 환상적 리얼리즘을 떠오르게 한다. 아베 코보가 주변 현실을 훼손하지 않으면서도 사물인 모래의 배후에 숨겨진 신비를 포착해 낸다는 점에서 그러하다. 어쨌거나 흐름이 본성인 1/8mm의 모래는 지표를 덮고 거대한 도시를 멸망시키기도 하는데, 이러한 모래의 불모성은 건조함에 있는 것이 아니라 습기에 의한 부식성 때문이다. 모래의 입장에서 형태가 있는 것들은 허망한 것이고 모든 형태를 부정하는 모래 자신의 유동만이 있을 뿐이다. 이 같은 모래를 중심제재로 유체역학 및 철학과 과학을 융합해 언어를 감각 미학으로 이끈다.

학교 선생이면서 곤충채집가인 남자가 길앞잡이 사막 곤충을 채집하러 나갔다가 20m 깊이의 모래구멍 속에 갇히게 되는 사건으로 이야기는 시작된다. 남자는 바닷가 마을 사람들의 계략에 의해 감금된 것인데 이후 여자의 속성과 흡사한 구멍 아래 판잣집에서 과부 여자와 함께 살게 된다. 모래구멍 속 집은 모래를 퍼내지 않으면 모래에 묻혀 죽게 되는 구조이다. 쉼 없이 모래를 퍼내는 남자와 여자의 삶은 곧 시시포스가 바위를 지고 산을 오르는 형벌과 겹쳐진다. 여기서 아이로니컬한 것은 유동에 의한 유폐. 항용 유동은 자유 이미지로 받아들여지는데 갇힘의 형벌 이미지를 내면하고 있기 때문이다. 이때 저자는 모래의 유동성에 갇힌 실존의 존재 근거를 심도 있게 파헤친다. 어항 속의 금붕어와 같은 절망 속에서도 자유를 포기하지 않는 주인공 의지와 심리가 치밀하면서 처절하기까지 하다. 더하여 문장 곳곳에 붙인 말줄임표는 시각적으로 모래 이미지를 현시함으로써 감각적 효과를 얻는다.

존재라면 누구나 갇힘을 견딜 수 없는 것처럼 남자 역시 마찬가지다. 그러한 의지를 반영해 남자는 가까스로 모래구멍을 탈출한다. 그러나 남자는 보이지 않게 결속한 마을 사람들의 포위망을 벗어나지 못한다. 다시 가우스의 오차곡선 같은 모래구멍 속에 갇히게 되고 물 배급이 끊길까 염려하며 모래 퍼내기를 반복하면서 그러한 일상에 익숙해지는 자신을 느낀다. 남자가 일상의 반복에 묻히는 것은 곧 모래구멍에 묻혀 있는 것과 동일시되는데 그러한 자신을 발견하는 순간 정체를 알 수 없는 '불안'과 마주하게 된다. 이는 하이데거가 《존재와 시간》에서 언급한 존재의 불안이다. 잡다한 일상에 묶여 권태를 경험하는 주체를 연상하게 한다. 저자는 그 불안의 정체를 시적 표현과 심리묘사, 상징과 역설 그리고 비시제 기법 등 상상과 다양한 방식을 취해 입체적으로 직조한다. 아베 코보의 상상은 일견 줄리아 크리스테바가 《시적 언어의 혁명》에서 로트레아몽의 작품을 예로 문학의 모태를 설명한 세미오틱의 개념에 닿아 있다. 어쨌든 단 한 번의 탈출이 미수에 그친 후 표면적으로 마을 사람들에게 동조하는 것처럼 위장한 남자는 내면으로 모래처럼 미끄러져 들어오는 절망을 지우기 위해 희망이라는 이름으로 까마귀 덫을 만든다. 그 덫은 의도하지 않게 유수장치가 되었고 절망은 곧 희망으로 변화된다. 즉, 마을 사람들로부터 물 배급 구걸에서 벗어나게 된 남자는 구멍 안에 있으나 구멍 밖에 있다고 인식하게 되는 것이다.

이 같은 인식의 결과로써 탈출의 기회가 왔음에도 탈출을 다음으로 유예하는 마지막 장면은 반전이다. 또 이는 "벌이 없으면, 도망치는 재미도 없다."는 프롤로그와 연결된 수미상관 형식이다. 이러한 구조를 차용해 남자가 자신의 실종 상태를 벗어나기보다 외려 실종 상태를 스스로 선택한다는 결말이다. 말하자면 처음엔 타자에 의한 감금이었으나 나중에는 자발적 감금의 형태를 취하는 것인데, 이는 자신이 발견한 유수 장치에 대해 누구보다 관심이 있는 사람들은 '여기' 이곳, 사람들뿐이라는 이유를 들어 실종 선택의 타당성과 인과성을 확립한다. 따라서 '저기'가 아닌 '이곳'을 사는 현존을 통해 디아스포라적 실존 의미를 역설의 미학으로 새겨놓는다.

요나적 공간, 몽상의 시원
－《꿈꿀 권리》 가스통 바슐라르(이가림 옮김)

　바슐라르 사후에 발간된 이 책은 미술 에세이 선집으로 몽상적 창조 혹은 창조적 몽상이 예술과 어떻게 상관성이 있는지 역설한다. 총 3부로 미술, 문학, 몽상으로 구성되어 있으나 이 책은 미술 부분만 번역한 것으로 자신의 全 존재를 몽상에 내맡기지 않으면 창의는 발현될 수 없다는 바슐라르의 미술론이자 예술론이다.
　모네와 샤갈은 물론 칠리다, 꼬르티, 플로꽁 등의 작품을 해석할 때 은유적 상상과 몽상을 접목하는가 하면 과학과 예술의 사이에서 지적인 통찰과 몽상으로 자신의 말법을 통어한다. 그러니까 회화와 조각 그리고 판화 작품에 투영된 미술가들의 몽상과 바슐라르의 몽상이 조합된 해설서로 몽상을 몽상하는 서적인 셈이다. 몽상에는 사물의 본성을 사유하게 하는 원초적 힘이 내재한다. 바슐라르 또한 실제 체험한 것을 넘어 꿈꾸는 것만이 진실이라는 맥락에서 창조자에게 몽상이 중요함을 피력한다. 꿈꾸는 자에게 고정성이란 없으며 자유로운 몽상만이 시공간을 초월할 수 있다는 견자見者(voyant)적 목소리가 행간을 유랑하는 이유이다.

바슐라르는 〈수련 혹은 여름날 새벽의 놀라움〉이라는 제목으로 모네의 〈수련〉을 해석할 때 빛과 어둠을 통한 색채의 리듬과 은유적 몽상의 시선으로 바라본다. 미모사 같은 수련이 "낮과 밤의 리듬"에 충실하다는 것은 모네가 그린 색채의 리듬을 의미하는데 이로 인해 수련은 인상주의의 꽃이 되었다는 것이다. 또 수련을 "세계의 한순간"이거나 "두 눈의 아침"으로 은유하는 데서 바슐라르적 해석이 담겨 있다. 말하자면 시시로 변화하는 물질과 빛 사이의 항구적 힘을 묘사한 모네의 〈수련〉은 포스트모던 시대, 개별적 존재자들의 차이를 이면에 두기도 하는데 바슐라르는 시와 미술의 만남을 견주어 사유한다거나 과학적 미학을 논하는 동시에 수련을 매개로 인상주의의 꽃이 된 모네의 몽상이 왜 원초적인가를 묻는다. 바슐라르는 모네가 여름에 수련이 핀 연못으로 갈 때면 스테판 말라르메가 사랑에 쫓기는 레다의 상징으로 흰 연꽃을 택했다는 게 사실일지 몽상하며 갔을 것이라며 예술가들의 몽상을 언급한다. 레다는 그리스 신화에서 아름다움의 상징이자 시적 창조의 시원을 의미한다. 레다가 연못에서 목욕할 때 그녀의 아름다움에 반한 제우스가 거대한 백조로 변신해 그녀와 사랑을 나눔으로써 두 개의 알을 낳게 했다는 데서 그러한 창조적 상징을 부여한 것이다. 그러니까 레다를 통한 바슐라르의 물질적 상상력은 모네와 말라르메의 상상적 접점을 유추하면서 모네 작품에 투영된 몽상을 스스로 몽상한 것이다.

이어서 〈샤갈의 성서聖書 서설〉에서는 샤갈의 《성서》 화첩을 대강 훑어보지 말기를 독자에게 요구한다. 그 같은 발화 너머에서는 시간성에 대한 위대한 몽상을 느낄 수 있다. 예컨대 샤갈의 그림은 우리에게 오천 살, 육천 살을 살게 한다며 몇 천 년의 어둠을 꿰뚫어 볼 수 있는 샤갈만의 몽상을 추출한다. 고생물학자의 숫자나 역사를 통해서가 아니라 심층을 주시하는 예술가의 심안을 강조하면서 몽상의 눈으로 바라볼 때 가능하다는 인식을 드러낸다.

샤갈을 "하나의 현대적 눈"으로 표현한 바슐라르는 그의 눈이 성서를 읽으면 성서는 곧 빛이 된다고 상찬한다. 샤갈에 의해 성서 속 선지자들의 목소리는 곧 빛으로 치환된다. 따라서 바슐라르는 의식의 귀에 빛을 준 샤갈의 작품을 디테일하게 분석하고 작가의 의도 너머의 다층적 의미를 추출함은 물론이고 시적 몽상을 추동하기도 한다. 화가에게는 저마다 그 나름의 천국이 있다. 그 "천국을 꿈꾸는 몽상가의 근원적 몽상"이야말로 존재를 화목하게 만든다는 샤갈의 시선을 읽는다. 샤갈의 존재들이 모두 근원적인 불꽃인 이유이고 그 불꽃들은 격렬함을 내포하고 있기에 그가 그린 천국은 침체히지 않는다. 때문에 바슐라르가 서술한 샤갈의 천국과 대기는 날개가 돋쳐 있는 것처럼 유동적이다. 나아가 바슐라르의 샤갈 데생 해석을 읽다 보면 성서가 서구 예술의 상상적 모태라는 사실을 다시 한번 확인하게 되는데 바슐라르 역시 "고래 뱃속 같은" 자신의 방에 샤갈의 책을 들여놓은 이래 "요나의 이미지들을 몽상의 양식"으로 삼는다고 고백하고 있다. 바다에 던져진 요나처럼 우리는 몽상의 바다에서 꿈을 꾸고 깨어나는 순간 구출되는 것이라는 물의 유동적 상상력이 이 책을 관류한다. 그리하여 오랫동안 철학자들의 사유 대상이었던 물, 불, 공기, 대지라는 네 가지 원소가 화가들의 몽상에 의해 되살아나고 예술적 창조의 근원으로 남는다고 설파하고 있다. 사물들의 본성을 몽상한 것이다.

그런가 하면 〈철의 우주〉라는 소제목으로 역사를 조각하는 칠리다에 대해 언급하는 장에서는 녹과 불의 관계를 통해 차디찬 쇠 속에 불이 산다는 물질의 역설 뿐 아니라 삶의 역설도 배면한다. 말하자면 원시성이 잠재한 물질인 철로 조형물을 만드는 칠리다의 작품에서 우주적 몽상을 읽어낸 것이다. 그리고 플로꽁의 판화를 언급한 〈풍경 역학 서설〉에서는 시인과 화가 그리고 판화가를 비견한다. 창조자가 주장하는 것은 당연히 창조의 형태들 속에 내밀하게 들어앉을 수 있는 권한이 있다. 이때 시인은 자신의 이미지들 속에, 화가는 자신이 그린 농담의 빛나는 근원 속에 있다. 그에 비해 판화가는 본질적으로 갑작스럽게 점유한다는 점에서 한계에 대해 끊임없이 반항하고 있다며 그들의 창의가 지닌 차이를 읽어낸다. 한편 조제 꼬르티의 몽상에서는 꿈꾸는 물질, 잉크를 통해 액체적 몽상을 언급한다.

이렇듯 그의 시선은 유동하는 세계에서 다양한 시선으로 대상을 관조하고 상상하는 행위를 멈추지 않는다. 하여, 꿈꾸는 철학자 바슐라르의 입체적 언술에는 근원에의 물음과 원초적이면서 구체적인 몽상이 적층하는데, 이때 다층적 몽상은 현실에서 유리된 게 아니라 삼각대와 같은 안정된 현실을 기반으로 한다. 과학, 철학, 문학, 심리학 등 감각과 사유가 두루 혼융됨으로써 다양한 사유 채널을 통해 몽상의 몽상을 제시하기 때문이다.

 이 미술 에세이 끄트머리에서 바슐라르는 〈幻影의 성〉을 끌로 새긴 판화가 플로꽁처럼 자신도 자유로운 몽상가로서 요나적 환영幻影의 산장에 살기를 희망한다. 우리에게 '꿈꿀 권리'를 주문한 그의 창조적 몽상의 시원은 요나적 공간이라 할 수 있다.

함께 존재하기
– 《불화》 자크 랑시에르(진태원 옮김)

    기존의 정치와 철학에 대한 비판적 시각을 담지한 랑시에르의 문법이 이채롭다. 이 책은 한마디로 불화의 역사를 다루고 있는데 저자 랑시에르가 말하는 불화는 똑같은 단어를 말하는 두 대화의 상대방이 그 단어를 전혀 이해하지 못하는 상황을 의미한다. 이러한 이해의 불가능은 동등한 대화의 상대방으로 존재하지 못하게 만드는 사회적 갈등에서 비롯한다는 것이다. 프랑스어로 불화는 '듣지 못하고 알아듣지 못한다'는 의미와 함께 '논쟁'이나 '갈등'을 의미한다. 랑시에르가 제시하는 불화의 사례 두 가지를 보면, 하나는 고대 로마 평민들의 반란 사건이고 다른 하나는 19세기 공장주와 노동자의 불화다. 고대의 불화는 귀족들이 자신들의 말을 평민들이 이해하지 못할 것이라고 여겨 평민들을 배제했다. 그에 반해 19세기 공장주는 귀족들과 달리 프롤레타리아를 말하는 존재자(인간)로 인정한다. 일견 프롤레타리아를 배제하지 않는 듯하지만 랑시에르는 공장주 역시 자신들의 상대방(노동자)이 자격 있는 대화의 당사자라는 것을 인정하지 않았다고 지적한다.

'잘못', '몫 없는 이들의 몫', '감각적인 것들의 짜임' 등을 통해 드러난 랑시에르적 불화에는 사유의 전복이 엿보인다. 정치가 '아무나'의 정치이며, 정치적인 참여에는 아무런 자격이 필요하지 않다는 그의 견해는 어떤 자격이나 능력을 요구하는 플라톤과 아리스토텔레스적 아르케의 원리와는 다른 관점이다. 플라톤과 아리스토텔레스는 기하학적 비율에 따라 공동체의 성원들에게 돌아갈 몫을 정함으로써 공동체의 아르케를 세우고자 했다. 그러한 아르케의 질서, 곧 몫의 분배질서는 결국 보통 사람들에게 허울뿐인 자유 이외에는 아무런 정치의 몫도 남겨두지 않는다는 것이다. 몫 없는 이들의 배제를 자연적·본성적 정치질서로 정당화하기 때문이다. 때문에 랑시에르는 아르케의 원리야말로 정치 공동체의 구성원인 민중을 몫 없는 이들로 배제함으로써 민주주의에 '잘못'을 가하고 그것을 '왜곡하는' 것으로 본다. 따라서 '몫 없는 이들의 몫(part des sans parts)'이라는 개념은 랑시에르에게 중요하다. 이는 그의 민주주의론과 정치철학의 주춧돌 같은 개념이다. 플라톤과 아리스토텔레스의 사상을 기초로 한 서양의 정치철학이 어떻게 민주주의를 배제하면서 성립했는지 그리고 정치철학이 배제하려고 했던 민주주의의 본성이 어떤 것인지 밝히려 할 때 논리의 핵심이기 때문이다. 그가 문제 삼는 것은 이로운 것에서 정당한 것으로 이행할 때 각각의 대립물인 해로운 것과 부당한 것의 매개를 통해 이루어진다는 점이다. 그는 빈민들이 부자들과 대립한다고 해서 정치가 존재하는 것은 아니며 빈민들을 실재로서 존재케 하는 것은 외려 정치라는 논리를 편다. 다시 말해 '몫 없는 이들의 몫'의 설립에 의해 지배의 자연적 질서가 중단될 때 정치는 존재한다고 보는 것이다. 그러니까 정치는 계급들이 아닌 계급들 사이에 계쟁을 설립하는 것이며, 아무나와 아무나의 평등이라는 순수한 자격을 통해 이루어진다는 주장이다.

그에게 치안의 논리 역시 중요한 개념이다. 기실 치안이라는 개념은 기득권의 권리를 지켜주는 경찰력과 연관되는 것인데 랑시에르는 이 개념을 "부분들의 몫 내지 몫의 부재를 정의하는 법"으로 다르게 해석한다. 사회를 구성하는 각각의 부분과 그 부분을 감당하는 이들의 고유한 정체성과 몫을 분배하는 것을 정체화라고 할 수 있다.

이러한 논리에 따르면 양반(귀족)은 양반이고 백성(평민)은 백성일 뿐이며, 사용자는 사용자요 노동자는 노동자로 굳어진다. 이렇게 구분되고 배제된 상태에서 각각의 정체성 사이에는 합의라든가 공통의 정신 혹은 활동이 들어설 자리가 부재한다. 이러한 고정관념은 타협이 없고 불화의 상태가 상존한다. 과거 자본가들이 노동자들의 파업을 부당하게 바라보고 비난했던 것도 같은 맥락에서 정체화에 해당한다. 반면 해방과 정치의 논리로서 주체화 과정이란 "하나의 자기와 타자 사이의 관계인 하나를 형성하는 것"이며 "탈정체화 혹은 탈계급화/탈분류화 과정"(자크 랑시에르, 양창렬 옮김, 《정치적인 것의 가장자리에서》, 도서출판 길, 2013, 118쪽)이라고 할 수 있다.

그런가 하면 윤리적 문제설정에 따라 도입한 푸코의 주체화 개념을 랑시에르는 정치적인 주체의 개념으로 설명하고 있는데 이 개념은 정치와 치안의 구별에 근거를 두고 있다는 데서 의미가 크다. 그에게 치안이란 공권력으로서 법체계 같은 것이 아니라 행위 양식들과 존재 양식들 및 말하기 양식들 사이의 나눔을 정의하는 신체들의 질서이다.

이 질서는 가시적이고 발화 가능한 것으로서 감각적인 것들의 짜임이라고 말한다. 랑시에르에게 정치란 이러한 짜임(틀)과 단절하는 것이다. 말하자면 기존 권력의 틀 혹은 사유의 틀에서 벗어나 변화의 정치를 추구하는 것이라 할 수 있다. 유동하는 세계에서 기존 권력으로 고정되는 것은 곧 양극화를 초래할 수 있으며 부의 편중으로 이어지기 때문이다. 변화 가운데 정치적 주체화는 정체화가 아니라 한마디로 공자의 군군신신君君臣臣 부부자자父父子子의 원리를 초월한 탈정체화의 원리 같은 것이다. 따라서 합의민주주의 아래에서 정치의 발명은 이러한 배제의 양식을 무너뜨리는 새로운 주체화 양식의 발명에 달려 있다는 것이 랑시에르의 생각이다. 이러한 주체화 양식은 외국인 노동자나 불법 이주자에 대한 인도주의적 동정심만으로는 생겨날 수 없다. 그것은 일차적으로 피부색이나 종교, 문화, 또는 경제 등의 이유로 타자들을 배제하는 치안 공동체의 성원들이 이러한 배제와 관련하여 자신들의 정체성과 탈동일시 혹은 탈정체화에 관심을 가지는 데서 출발한다.

민주주의가 확립된 나라들 대부분에서 의회의 기능은 약화되고 있으며 대통령이라는 최고 지도자 개인에 대한 카리스마적 관점의 증대 현상이 두드러진다. 랑시에르는 이러한 합의민주주의의 역설이 나타나게 된 이유를 불화의 소멸에서 찾는다. 말하자면 합의민주주의 또는 형식민주주의의 승리에 대한 선언이 이루어진 이후에는 절차와 대의 제도의 기능에 대하여 무관심하게 되었다는 설명이다. 이러한 체제 아래서 사고될 수 있는 유일한 갈등 또는 민주주의적인 방식으로 해결될 수 있는 갈등은 이해관계를 둘러싼 갈등이다.

여기에서는 사회를 구성하는 부분들이 모두 잔여 없이 셈해질 수 있고 그들의 이해 갈등은 객관적인 방식으로 공정하게 해결될 수 있기 때문에 여기에는 아무런 불화, 아무런 계쟁의 여지가 존재하지 않는다. 합의민주주의에서 갈등보다는 더 바람직한 최적의 몫을 획득할 수 있는 방식에 관한 토론과 조정이다.

그러나 이런 불화를 제거하고 주어진 부분들 사이의 이해관계 조정만을 민주주의의 유일한 쟁점으로 삼으려 한다고 해서 사회적 갈등과 분열, 폭력이 사라지는 것은 아니다. 실제로 세계는 더 많은 국지전이 발발하고 있으며 민족, 종교분쟁, 테러 등에 시달리고 있다. 랑시에르는 이것을 특히 배제의 문제로 제기한다.

가령 자국민과 불법 체류자, 이주자 사이에 경계선을 긋고 그들을 추방하거나 배제하는 것인데, 랑시에르가 보기에 이러한 배제에서 문제가 되는 것은 단순히 내부와 외부의 분리라기보다 항상 이미 있는 내부적 분할을 문제 삼는다. 귀족과 평민, 자본가와 노동자, 남성과 여성을 분할하는 경계선이 그것이다. 오늘날의 합의민주주의에서는 가시적으로는(적어도 권리상으로는) 신분, 성별, 피부색, 재산의 유무에 따라 차별받거나 배제되지 않는다. 그러나 비가시적이고 주체화될 수 없는, 선 너머에 있는 사회의 장 바깥으로 밀려날 뿐이다. 그러니까 결국 내재적 배제 또는 분할이 비가시적으로 일어나기 때문에 불화는 소멸한 것처럼 보인다는 것이다.

  이에 대한 랑시에르의 해법은 함께 존재하기이다. 이는 가시적인 것과 비가시적인 것, 가까운 것과 먼 것, 현존하는 것과 부재하는 것들을 함께하도록 만드는 것이다. 공동의 인간성이라는 인류는 이 같은 구성 속에서 자신을 발현할 수 있기 때문이다.

  그는 정치가 동일자들의 영역이 아닌 비동일자들의, 타원형의 우주와 같은 형태를 보이는 것이며 교차된 정체성들의 기술이라고 강변한다. 결과적으로 랑시에르적 불화는 불화를 통한 함께 존재하기로서 메타적 불화로 이해할 수 있다. 한 걸음 더 나아가 인간을 넘어 자연과 함께 존재하기를 염원해야 할 것이다.

침묵의 고고학
– 《광기의 역사》 미셸 푸코(김부용 옮김)

　인간은 본질적으로 광기에 걸려 있으며 미치지 않았다는 것은 미쳤다는 것의 또 다른 형태일 것이라는 파스칼의 문장으로 시작하는 이 책은 푸코 사유의 시원으로 시대 인식에 관한 비판철학서이다.
　이 책은 표면적으로 광기를 다루고 있으나 광기의 이면에 자리한 주체와 타자의 문제가 은폐되어 있다. 역사의 흐름에 따라 인간의 이성이 감성과 직결되는 광기를 어떻게 바라보는가를 물은 것이다. 중세의 광기는 자연스러운 본성으로 제재하지 않았으며 격리 수용되었으나 자연스러운 본성을 넘어 영험한 존재로 인식되었다. 이후 르네상스 시대는 광인들을 배에 태워 추방하는 것으로 공간적 분리를 이행했을 뿐, 그들의 존재 자체가 부정되지는 않았다. 그런데 17세기 중엽부터 18세기 중엽까지의 시기인 고전 시대(푸코가 명명함)에 들어와 데카르트의 제1명제인 '코기토 에르고 숨'에 의해 이성적인 인간만이 존재 근거를 가지게 되고 광인은 교화 또는 정상화시켜야 하는 존재로 인식해 로삐딸 제네랄이라는 감호소에 감금하는 폭력적 형태를 띤다. 따라서 이 시기 광인들은 대감호소에 수감되어 '감호'라는 특징이 부여된다. 이후 근대에는 이전 시대의 열악한 수용시설을 개조하고 그들에게 죄수복 대신에 환자복을 입히는 것으로 광인의 해방이라 칭한다. 하지만 이러한 정신병원 역시 또 다른 억압이며 권력의 민낯이라는 게 푸코의 지론이다.

  이처럼 역사는 시대마다 광기를 대하는 인식이 달랐고 그 다름을 고고학적으로 증명한 것인데, 이때 푸코의 물음은 이성과 비이성으로 인간을 분류하여 배제하는 것이 타당한지, 또 그러한 분류의 주체는 누구인지에 방점이 있다. 주체에 의해 배제되는 타자성의 문제를 광인들의 항해, 대감금, 광인들, 열정과 정신착란 등으로 나누어 광기의 역사적 맥락에서 사유를 개진하면서 광기를 바라보는 시대의 에피스테메(인식틀)를 통해 타자의 문제를 해석한다. 이 같은 이유로 푸코는 이성적 인간만이 합리적 주체라는 고전주의 인식에 의문을 던지고 근대적 사유에 의해 정상과 비정상으로 구분하는 사회를 비판한다. 그는 사회적 담론에 의해 구분되고 배제된 상태에서 생산된 수동적 주체가 아닌 자기 스스로 만들어낸 주체를 갈망하면서 외부권력에 의해 가려진 비이성적 타자의 소리들이 권력에 의해 어떻게 침묵하게 되었는가를 파헤친 것이다. 그러니까 제도에 의해 침묵할 수밖에 없었던 타자의 침묵을 고고학자처럼 발굴하고 은폐된 타자를 드러낸 것이다. 그러한 의도에서 광기의 역사를 호명한 것으로 판단된다.

철학과 의학, 심리학 등을 비롯하여 문학, 미술, 음악의 다양한 예술을 예시로 든 푸코는 광기의 애매성과 양면성은 인간 내면에 존재하는 것으로 추방이나 감금, 치료의 대상만으로 인식할 수 없다고 설파한다. 예컨대 니체, 반 고흐, 고야 등에서 나타난 광기는 당대의 침묵을 지나 역사에 의해 현현되었음을 강조한다. 따라서 광기와 예술작품은 동시대의 존재이다. 이는 "광기의 책략이며 광기의 승리"로써 침묵의 고고학인 것이다. 푸코의 광기에 대한 사유는 일견 고전 시대를 통해 정의하지만 역사의 강물이 흐르듯 문학가와 철학가의 사유는 지금도 도저하게 흐르는 중이다. 광기라는 개념은 물처럼 유동하는 것이지 고정된 개념이 아니기 때문이다.

살아 있으면서도 죽은 것과 같은 광기는 공백 상태의 그늘진 자유로서 주체이면서 객체이다. 조르조 아감벤의 호모 사케르[2])와 같은 존재가 곧 광기에 든 존재 아닐까. 말하자면 법으로부터 배제되거나 사회로부터 추방된 타자인 푸코의 광인은 아감벤의 호모 사케르 개념에 일정 부

---

2) 아감벤의 호모 사케르 개념은 고대 로마 페스투스 논집 《말의 의미에 대해》에서 거론된 것인데, 아감벤이 여기에 나오는 신성함이 가지는 단어의 의미를 해석하면서 신성함이란 표면적 의미 외에 또 다른 내용이 은폐되어 있다고 주목하면서 등장한다. 즉, 법전에서 신성한 자로 판정된 자는 신성물로 바치는 것은 금지되지만, 그를 살해하는 자는 처벌의 대상이 되지 않는다는 모순성과 양가성을 언급한 것이다. 또 신성물로 바쳐진 생명을 인류학적으로 터부시하는 경향이 있는데 바쳐진 생명은 신성시되는 동시에 저주받은 것으로 간주하기 때문이다. 신성과 터부, 금기와 살해라는 상반되고, 교차하는 지점에 존재하는 게 호모 사케르 같은 존재이다.

분 접면하고 있다. 그러니까 공백 상태의 광인과 호모 사케르는 배제된 경계인이라는 데서 닿아 있다. 그러나 그 태생(기원)이 같은 것은 아니기에 다른 점도 있다. 어쨌거나 "인간의 꿈과 야수의 악몽을 이면에서 찾아낼 수 있는 미지의 구원"이라는 푸코의 독특한 문체와 언술 뒤에서 광기는 주체와 타자의 경계 허물기라는 담론을 은폐하고 있다. 여기서 푸코가 말하는 광기는 그것의 옳고 그름, 좋고 나쁨의 이분법이 아니다. 광기를 대하는 세계 내 타자성의 문제이다.

　이 시대, 푸코 철학의 한 줄기에 사유의 닻을 내리는 것도 침묵의 시간을 점유하는 하나의 방편이 될 수 있겠다. 바이러스로 인해 우리 안에 스며든 푸른 광기를 되짚으며,《광기의 역사》를 소개한다.

소명으로서의 외畏
― 《소명으로서의 정치》 막스 베버(박상훈 옮김)

　독일의 진보적 학생운동 단체의 초청으로 뮌헨 대학에서 이루어진 베버의 강연을 정리한 이 책은 정치를 소명으로 삼는 것이 어떤 의미인지를 국가, 정당, 정치가로 나누어 설명한다. 베버의 강연이 있기 전 독일은 제1차 세계대전에서 패배하고 독일 혁명이 발발하던 시기로 곳곳에서 소요와 파업, 반란이 계속되던 때였다. 그 때문에 베버는 독일의 관료 지배체제의 문제를 지적하면서 국가와 정당, 정치가의 관계적 연합에서 정치를 논하는데, 특히 정치가의 자질을 강조한다.
　역사의 수레바퀴를 손에 쥘 권리를 갖게 될 소명을 지닌 정치가는 어떤 종류의 인물인지 고찰한 사회학자 베버, 그는 대의와 신념 그리고 도덕 등 정치의 윤리 문제가 갖는 독특함과 함께 정치가에게 필요한 세가지 자질을 제시한다. 대의에 대한 헌신을 뜻하는 열정, 선의를 내세워 변명하지 않고 결과를 얻기 위해 최선을 다한다는 의미의 책임감, 그리고 사태를 바라는 대로가 아니라 있는 그대로 이해하는 능력을 뜻하는 균형적 현실 감각이 그것이다. 더하여 정치가의 허영심에 내재한 독소를 언급한다. 학자들의 허영심은 개인적 문제에 그치지만 정치가의 허영심은 개인의 문제에서 끝나지 않기 때문이다. 정치 권력을 향한 야심은 정치가가 일하기 위한 도구로서 권력본능이지만 객관성이 결여된 개인적 자기도취를 목표로 하는 순간 정치가라는 직업이 갖는 소명을 망각한 것으로 죄악이나 다름없다는 것이다.

   베버는 톨스토이와 도스토옙스키의 작품에 등장하는 인물을 들어 이상적 정치로서 신념 윤리와 책임 윤리가 조화롭게 작동할 수 있는지 물음으로써 이상적 정치와 현실적 정치의 차이를 가늠한다. 현실주의 정치를 옹호하는 베버는 기독교의 산상수훈과 희랍의 다신교, 인도의 베다서를 비교 제시하면서 신념 윤리와 책임 윤리를 비견하기도 한다. 목적에 의해 수단을 정당화하는 원칙을 어느 정도 인정한다고 하더라도 어떤 목적이 어떤 수단을 정당화하는지를 결정할 수 있는 에토스(도덕)적 계율을 만드는 것은 불가능하다고 본다. 따라서 정치를 직업으로 삼겠다는 사람이면 누구나 정치의 윤리적 역설을 자각하고 있어야 한다. 그 역설이 주는 중압감을 이겨내지 못하는 것은 정치가 자신의 책임이므로 잠복해 있는 폭력의 힘들을 통제할 수 있어야 한다. 선한 목적을 달성하기 위해 위험한 수단을 택했다면 정치가 스스로 부작용의 가능성 또한 감수해야 한다. 따라서 정치가가 마주해야 할 질문은 자신이 어떤 자질을 갖춰야 권력을 제대로 다루고, 정치적 책임을 제대로 감당할 수 있을지 자각하는 일이다. 그렇기 때문에 정치는 이율배반적 윤리의 강을 건너는 일이기도 하다. 어쨌거나 베버는 마지막으로 자신이 제공하려는 뜻에 비해 세상이 어리석고 비열해 보일지라도 이에 좌절하지 않을 의지가 있고 말할 확신을 가진 사람만이 정치에 대한 '소명'을 가진 사람이라며 《소명으로서의 정치》를 통해 언급한다.

 책을 덮는 지금, 방송에선 채 해병 순직 사건에 대한 청문회가 한창이다. 저들의 '확신'은 무엇인지 자못 궁금해진다. 문득 다산 정약용이 《목민심서》에서 〈치현결〉을 인용해 벼슬살이의 요체는 두려워할 '외畏' 한 글자뿐이라던 그의 글귀가 떠오른다.

전도된 진실, 그 배후
- 《시뮬라시옹》 장 보드리야르 (하태환 옮김)

보드리야르에 따르면 현대는 소비 우위의 사회이다. 그는 경제적 가치를 교환가치에 두었던 마르크스와 달리 사용가치가 경제적 가치를 결정한다고 보았다. 사용가치란 사물 자체의 유용성에 대한 가치가 아니라 인간 욕망의 대상으로서 기호(sign)가 지니는 기능적 가치로서의 기호가치를 의미한다. 어떤 대상을 지시하는 상징인 기호는 문자나 음성같이 감각으로 지각되는 기표와 의미 내용인 기의로 구성되는데 이러한 추상화된 기호 이미지에 의해 현대의 주체적 존재가 흔들리고 있음을 경고하는 것이다. 자본은 전례 없는 정신적 파국과 쇠퇴를 부르고 기호 우위의 시스템(체계)을 노리는데 이 기호가치들은 전혀 그럴 법하지 않은 사치스러운 물질회에 의해 움직이기 때문이다.

보드리야르는 현대 자본주의 사회가 사실성의 원칙을 제거함으로써 실재적인 것이란 없고 조작이 가능한 세계로 이끄는 시뮬라크르 시대라며 강도 높게 비판한다. 실제로는 존재하지 않는 대상을 존재하는 것처럼 만들어놓은 인공물을 지칭하는 시뮬라크르는 '시뮬라크르를 하기'라는 동사적 의미로 시뮬라시옹이다. 이러한 시뮬라시옹을 들뢰즈는 존재론적인 개념으로 해석한 바 있는데 들뢰즈와 달리 보드리야르는 문화 해석의 관점에서 조작된 가상을 시뮬라크르(시뮬라시옹)로 본다.

전통적인 재현 체계 속의 이미지는 사라지고 원본 없는 이미지가 그 자체로서 현실을 대체하고, 현실은 그 이미지에 의해서 지배받는 시뮬라크르들의 자전 시대라는 것이다. 그러니까 시뮬라시옹의 논리에 있다는 것은 복사의 복사물인 이미지에 종속되는 세계, 실재는 없는 이미지로 사유하고 이미지로 살아가는 현대를 사는 존재자들의 모습이다. 복제한 것을 다시 복제하는 시뮬라크르 시대 존재들에게선 어떤 아우라가 보이지 않는다. 따라서 보드리야르는 이미지에 의해 의미가 사라지는 이 시대를 이미지의 폭력으로 통찰한다. 특히 백화점의 상품들, 빌딩의 광고, 텔레비전 광고, 대중매체를 통하여 나타나는 다양한 이미지들이 우리의 의식세계를 지배한다. 대중매체의 자극적인 사건에 대해 개탄하면서도 미혹된다. 과시욕과 허영을 강제하는 이것이 시뮬라크르의 논리이다. 또 미사일 발사와 같은 현대의 전쟁은 가상 실재의 상황을 여과 없이 보여준다. 이때 우리의 감각은 실재와 비실재의 구분이 어려워진다. 전쟁의 양상도 변화되어 실제로 전쟁을 한다기보다 마치 컴퓨터게임 같은 착각을 불러일으킬 수 있다. 일테면 가상세계가 진짜 세계가 되는 초실재의 상황으로써 이미지가 실재를 무력화한 것이다. 실재를 잡을 수 없고 다만 이미지를 보는 것인데 보드리야르에게 시뮬라크르는 사람들이 만든 이미지로써 이러한 가상세계가 압도적인 사회다. 그렇게 사람들은 시뮬라시옹의 절대적인 조작 속으로 들어간다. 이는 능동적인 것과 수동적인 것의 비구분 그 자체로서의 함열(내파)적 시뮬라크르의 자전이다. 여기서는 주체로서의 '나'는 없고 주체를 모사한 '나'가 진본처럼 행사한다. 말하자면 주체의 소멸이다.

시뮬라시옹의 신격화로써 핵 공포에 의한 균형은 우리 삶의 틈새들 구석에 주입된 저지 체계의 한 극단적인 단면일 따름이라며, 공포의 균형이 된 현실을 꼬집는다. 핵은 도처에서 가속화된 함열 진행을 시작한다. 팽창, 진보, 식민화를 가치로 여겼던 모더니즘을 대변하는 것이 에너지의 폭발이었다면 그와는 반대로 갈라지고 쪼개졌던 것들이 다시 분할 이전의 상태로 응축되어 가는 것이 함열이다. 일테면 다름은 같음으로 구분은 비구분으로 들어가게 되는 현상을 말한다. 주위에 있는 모든 것을 얼리고 모든 살아 있는 힘을 흡수하는 핵은 사용 가능한 에너지의 절정이면서 동시에 모든 에너지 통제 시스템의 극대화이다. 여기에서 사건들은 더 이상 의미가 없다. 사건 자체가 의미 없음이 아닌 사건들의 진행이 모델에 의해 미리 선행되어 있고 모델과 일치할 따름이기 때문이다. 그러니까 개별적 차이는 무화된다. 힘을 행사하는 것은 시뮬라시옹이지 결코 실재가 아님을 언급한 것이다. 실체 없는 그림자의 비유로 유명한 플라톤의 동굴 비유는 실체가 있으나 실체를 보지 못하고 실체의 그림자만 바라본다. 이때 벽에 가서 비춘 실체가 그림자로 바뀌는 과정이 시뮬라시옹이라면 그림자는 시뮬라크르인 것이다. 이렇듯 모사가 진실을 압도한다.

   소비사회의 허무주의가 시대의 틈새를 메우는 듯 가장하고 있으나 한편으론 니힐리즘을 가리기 위한 시뮬라크르의 반복이 도사리고 있다. 보드리야르는 사물들이 시뮬라크르 되는 포스트모던 시대를 고민한다. 이전 시대에는 신이 죽었음을 언명하면서 근대의 종언을 고한 니체가 있었으나 현대는 허무주의가 기묘한 방식으로 시뮬라시옹 속에서 실현된다는 것이다. 의미 혹은 비-의미의 허무주의에 다치지 않는 외양으로서 이미지는 결코 죽지 않기 때문에 바로 여기에서 시뮬라시옹의 유혹은 다시 시작된다. 포스트모던 사회를 문화 해석적으로 접근한 보드리야르가 소비시대의 이면을 주시하는 것도 이 때문이다. 이미지는 실재를 반영하지만 그 이미지는 이미 실재를 왜곡하고 비틀어서 실재를 사라지게 만든다. 이것은 보이지 않는 폭력이며 압력이고 침입이나 다름없다. 그러니까 대중은 이미지가 지닌 그러한 왜곡과 실체를 망각하게 하는 것에서 놓여날 수 없는 구조이다. 보드리야르의 비평적 시뮬라시옹 언술이 전도된 진실의 배후에서 미래를 구하는 이유다.

미결정의 여백
- 《텍스트의 즐거움》 롤랑 바르트(김희영 옮김)

하나의 중심은 없고 중심은 어디에나 있다는 니체의 다원성을 염두에 둔 바르트는 발자크의 소설 《사라진느》를 인용해 〈저자의 죽음〉을 언급한다. 작품 속에서 말하는 사람이 소설 속 주인공인지, 개인적 체험으로서 발자크인지, 아니면 저자 발자크인지 물으며 작품에서 텍스트로의 전환을 제시한다. 보들레르의 작품은 인간 보들레르의 실패이고 고흐의 작품은 고흐의 광기로 대표되었듯 작품의 설명은 언제나 작품을 생산한 저자의 입장에서 모색되어온 것에 대한 물음이다. 작품이 안정적이고 고정적이면서 단일하고 선조적線條的이라는 데서 고인 물과 같다면 텍스트는 고정된 의미로 환원될 수 없는 시니피앙들의 짜임이라는 데서 흐르는 물과 같다. 즉, 작품은 하나의 기의로 닫히지만 텍스트는 기의의 무한한 후퇴이고 지연이기에 닫힘이 아닌 열림이며 탈중심적으로 주체의 부재를 언급하는 것이라 하겠다. 바르트에 따르면 기표(시니피앙스)의 영역에 해당하는 텍스트는 환유적 연상과 인접, 상징적인 속성 안에서 구상되고 인지되며, 의미의 통과이자 횡단이다. 더하여 환원 불가능한 복수태로서 폭발이자 분산의 양태를 띤다. 시니피앙스를 즐김의 장소로 지정하고, 텍스트적 실천의 비평적 가치를 긍정하는 바르트의 텍스트론이 지향하는 근본은 즐거움이나 즐김의 상태에 대해 결정론적 사유가 아닌 미결정의 상태가 가능한지를 파헤치는 데 있다. 바르트는 이러한 텍스트론이 줄리아 크리스테바의 박사학위 논문인《시적 언어의 혁명》에 영향을 받았음을 밝힌다.

하여튼 가능성을 굴착하는 바르트의 텍스트론에서 즐거움의 자리는 확실치 않다. 다만 자신의 텍스트론의 나사를 풀고 반복되면 즐거움에 대한 물음의 중요성을 알 것이라고 유보한다. 즐거움의 유보적 힘에 대해서는 아무리 말해도 충분치 않다고 강조한다. 그것은 진정한 에포케(유보)요, 모든 공인된 가치들을 멀리서 응결시키는 제동장치이기 때문이다. 따라서 바르트적 텍스트론이 도덕성이나 진리 곧 진리의 도덕성으로 회귀하는 것을 방해할 수 있으며 그것은 "떠돌아다니는 닻"으로서 다시 의미의 철학이 될 것이라고 예측한다. 이는 바르트가 주창하는 기호학의 핵심이다. 기호학이 선호하는 대상은 상상계의 텍스트로서 이야기, 그림, 초상화, 표현, 개인어, 정념, 사실임직한 것의 외관 아래 진실의 불확실성을 연출하는 구조들이기 때문이다.

바르트는 텍스트를 즐거움과 즐김의 텍스트로 나누어 설명한다. 즐거움의 텍스트는 주체적 자아의 강화에 연결되는 것으로서 오성悟性과 감성의 논리에 종속되지 않는 고전 작품의 독서 영역이라면 이에 대립하여 즐김의 텍스트는 주체가 견고해지는 대신 상실되는, 그 자체가 즐김인 독서체험으로 의미론적 언술행위 체계를 말한다. 즐거움과 즐김에는 흔들거리는 무엇이 있다. 하여, 이 둘 사이에는 "항상 미결정의 여백"이 존재하며 그 여백은 곧 생성 텍스트로서의 길을 은유한다. 따라서 즐김의 텍스트는 독자의 역사적·문화적·심리적 토대를 허락하지 않는다. 또 가치관·언어관마저도 흔들리게 하여 자아가 회복되는 것을 원치 않는다. 그것은 어떤 목적성도 가지지 아니하며, 모든 규범적인 것을 전복 혹은 전도시킨다. 따라서 바르트에게 즐김의 텍스트는 전위적인 텍스트들이다. 이른바 즐김의 텍스트는 뭔가 읽혀질 수 없는 것으로 이미지와 상상력의 기재에서 뿐만 아니라, 언어 자체의 차원에서도 독자를 뒤흔들어야 한다는 것이다. 그러나 즐거움과 즐김의 구별은 그리 엄격하지 않으며, 대립적이기보다는 상호보완적이다. 이를테면, 즐거움은 아폴론적이거나 소크라테스적이고 즐김은 디오니소스적이라고도 할 수 있다.

  사유의 말미에서 바르트는 이 같은 자신의 텍스트론을 직물에 비유해 '거미학(hyphologie)'이라 칭힌다. 의미(진리)가 감추어져 있는 하나의 산물 혹은 완결된 베일인 직물의 지속적인 짜임을 통해 텍스트가 생성되고, 이때 직물 텍스트의 짜임새 안으로 사라진 주체는 거미줄을 만들기 위해 분비액을 토해내며 약해지는 한 마리의 거미와 같이 자신을 해체한다는 사유의 여백으로서 학적 논리인 셈이다. 대개 바르트를 접한 사람들은 그를 철학가인지 문학가인지 구분하기 어렵다고 한다. 그의 문장은 철학가적인가 하면 문학가적인 요소를 담지하고 있기 때문이다. 그렇든 저렇든 결국 바르트에게 텍스트는 하나의 유일한 의미가 아니다. 하나의 기의를 꿰뚫는 것이 아닌 끝없이 의미를 상정하지만 그것은 언제나 의미를 증발하기 위해서 의미를 체계적으로 비워나간다. 그럼으로써 바르트의 다차원 사유 공간에는 니체 철학은 물론 이것 아니면 저것이라는 논리에서 벗어나 이것과 저것이 상호의존하는 노장사상이 내류하고 있으며 나아가 비본질의 불가적 사유까지도 함의하고 있음을 알 수 있다. 일테면 근원성이라든가 본질적인 것을 향한 것이 아닌 다양한 글쓰기들이 서로 결합하고 반박하는 형식을 지향하고 있다. 긍정은 부정을 전제로 한 긍정이듯 결정론적 사유가 아닌 미결정의 사유가 여백으로 남는 기호학자 바르트의 언술인 것이다.

말의 유비를 넘어선 성찰의 공간
― 《말과 사물》 미셸 푸코(이규현 옮김)

    정체된 듯한 서양 문화의 밑바탕에 균열을 가하려는 의도에서 이 책을 기획했다고 밝힌 푸코는 보르헤스의 텍스트가 그 탄생 배경이라고 말한다. 르네상스 말기부터 19세기의 전환기인 근대의 문턱까지를 상정해 문화(언어를 통한)와 사물 간의 근접성을 고찰한다. 문화 이론이나 문화사 연구자들의 필독서라고 하는 이 책은 푸코를 진 세계에 알리는 역할을 하기도 했다.

    세계에는 시기별로 사유 혹은 인식의 틀이 존재하는데 푸코는 이를 에피스테메[3]라고 부른다. 김현은 어떤 시기에 인간의 모든 앎의 형태를 밑받침하는 심적 하부구조(《시칠리아의 암소》, 문학과지성사, 1990)가 에피스테메라고 한다. 푸코에 따르면 고전시기 이전의 에피스테메는 닮음 또는 유사성, 상사相似성으로 나타나고 있으며 이는 사물들의 관계성을 재인식하는 코드이다. 자연에는 예외와 차이가 가득한데도 도처에서 조화, 일치, 유사성을 발견하려 했던 르네상스 시대의 닮음의 에피스테메가 저물고 17세기부터 18세기 말까지는 재현[4]의 에피스테메가 출현하게 된다. 푸코는 기호의 재현을 언급하며 기호의 의미 기능을 정립하는 것은 사물의 언어 자체가 아니라 인식 행위에 의해 구성되는 것이며 그 성립은 분석과 불가분하다고 말한다. 기호에 의해 사물들은 개별적이게 되고 동일성을 유지하고 서로 나뉘고 또 관계를 맺으면서 서양의 이성은 판단의 시대로 들어서게 된다. 그에 따르면 사유를 재현하는 임무와 역량이 말에 부여되었으므로 언어의 존재는 지고하다. 사유가 스스로를 재현하듯이 언어는 사유를 재현한다. 따라서 고전주의 시대의 경험에서 자연에서의 질서와 부(경제)에서의 질서는 말(언어)에 의해 드러나는 것과 같은 방식으로 재현의 질서와 동일한 존재양태를 갖는다. 고전주의 시대에 언어의 실제는 언어의 재현하는 역할

---

[3] 흔히 쿤의 패러다임과 유사하다고 말한다. 하지만 쿤의 패러다임이 물리학에 밀접하게 연관되어 있으면서 범례적이라면 푸코의 에피스테메는 생물학, 경제학, 언어학과 관련되어 있으며 개념적이라는 데서 차이가 있다.

[4] 예술적 재현은 미메시스란 용어와 같은 의미로 사용하였다. 미메시스란 일반적으로 '모방'이란 말로 번역되지만 어의상으로 '재현', '묘사', '표현' 등 포괄적인 뜻을 함축하고 있다. 재현은 물질적인 형태로 사람이나 사물의 모습을 '복제하는 것'을 의미한다.

에 충실했기 때문에 언어는 재현 이외에 다른 의미를 생성하지 못했다고 본다. 그러다가 19세기부터는 재현의 한계가 드러나면서 역사의 시대가 전면에 나타나고 인간은 자율적 존재로 부상한다. 동일성과 차이를 나타내는 특징이라든가 연속적인 도표가 아닌 숨겨진 힘들인 기원과 인과관계 그리고 역사의 깊이를 드러낸다. 푸코는 고고학적 지층의 두께 속에 감추어져 있을 징후들을 경제학에서 리카도, 생물학에서 퀴비에, 문헌학에서 보프의 저서를 통해 분석한다. 사유의 역사를 외부의 어떤 것과도 관련시키지 않고 내부적으로 분절하게 해주는 것은 내적 조건인데 문헌학의 성립, 즉 언어의 귀환으로 인해 고전주의적 사유의 질서는 빛을 감추었다고 피력한다. 그에 따르면 고전주의와 근대성 사이의 문턱을 결정적으로 넘어선 것은 말이 더이상 재현과 교차하지 않고 사물의 인식을 위한 자율적인 격자를 제공하지 않게 되었을 때부터다. 무엇보다 글쓰기 행위 속에서 언어가 스스로 솟아오른 것이다. 19세기에 사유(말)의 영역 안으로 되돌아간 니체가 최초로 철학의 과제를 언어에 관한 성찰과 관련지음으로써 한 세기를 앞당긴 셈이다. 니체가 말한 신의 죽음은 곧 인간의 사라짐과 같은 뜻이며, 초인의 출현은 인간의 임박한 죽음을 의미하는 지점인데 푸코는 이러한 니체적 사유를 중요하게 인식한다.

 푸코는 서양 문화, 특히 15세기에서 19세기까지의 사유 방식과 변천을 말과 사물의 관계를 통해 논하면서 사물에 특정한 의미를 부여할 수 있는 언어의 존재를 탐색한다. 정신의 산물인 언어는 사물을 통해 인간의 정신세계를 표상하기 때문에 말과 사물은 떼려야 뗄 수 없는 관계를 맺는다. 그러니까 문화적 맥락에서 인식의 변화에 따른 변모를 연구한 푸코는 그 변모 사이에는 인식론적 단절 즉, 불연속이 있다고 보았으며 변화로 인한 새로운 인식틀(에피스테메)을 연구한 것이다. 에피스테메에 의해 구분되는 역사의 사이에 불연속이 존재하는데 이는 이전의 인과적이고 연속적 역사 인식과는 다른 것으로 푸코는 이를 고고학이라 칭한다. 15세기부터 19세기 유럽문화 즉, 르네상스 시대, 고전시대, 근대는 각기 그 시대의 에피스테메가 존재하고 그에 따른 말과 사물의 관계를 형성하면서 존재하는 것이다. 다시 말해 세계의 사유와 인식은 변화하기 마련이고 그 변화에 상응하는 인간의 인식체계가 있다고 보는 것이다. 따라서 푸코의 인식은 연속적인 것에 닿아 있지 않고 불연속으로서 변화의 과정을 읽는 방식으로 균질하지 않은 형태로 나타난다.

  그의 고고학적 사유의 지층을 파헤치다 보면 바깥의 공간이 지닌 의미를 생각게 한다. 시대마다 바깥의 존재 공간은 있게 마련이고 그 바깥의 힘에 관한 물음에서 말해지지 않은 것에 대해 질문할 수 있다. 그 물음과 대답 사이의 메울 수 없는 간격은 누군가 발굴해야 하는 일인 것이다. 이때 유토피아가 이상향으로서 실재하지 않는 공간이라면 헤테로토피아는 '다른 공간(비가시적인 공간)'을 의미하는데, 푸코는 헤테로토피아가 불안을 야기한다고 말한다. 여기서 불안은 부정적이기보다 정체되는 것을 방기하지 않는 생명성으로서 긍정적인 것이다. 어쨌거나 헤테로토피아가 언어를 은밀히 전복하고, 이것과 저것에 이름 붙이기를 방해하기 때문에 불안을 생성한다는 게 푸코의 생각이다. 언어(말)의 배열에 따라 사물은 낯설게 되기도 하고 질서가 정비되기도 하기 때문이다. 특히 문학에서 헤테로토피아 공간은 상상의 테제로 기능한다. 문학의 궁극은 대상을 다르게 보기에 있으며, 다르게 보기 위해서는 다른 공간에 대한 사유가 필요하기 때문이다. 당대의 사유를 관통하고 있는 문학이 시대마다 동일하지 않은 주제를 다루는 것도 불연속적 경험의 공간이 있기에 가능하다. 푸코의 철학적 담론과 사유의 길섶에는 문학과 미술에 대한 창의적 해석이 깊이를 더하고 그 같은 언어를 통해 세계 이해의 창을 확장할 수 있다. 그가 펼쳐 놓은 철학과 문학, 역사의 길 위에서 헤테로토피아와 같은 장소를 발견할 수 있다면 그곳은 영혼의 휴식처가 되겠다. 어쨌거나 존재자들의 빈칸, 즉 헤테로토피아와 같은 곳에서 진실 구현을 위해 닮은꼴을 양산하는 것이 아니라 다르게 보고 다르게 생각하기를 고민하는 것이다. 푸코는 그것을 사유되지 않은 것을 사유의 안팎이나 사유의 여백 또는 사유의 씨줄과 날줄에서 발견하는 일이라고 말한다. 만일 이러한 의지가 부재하다면 인간은 에피스테메에서 두렷한 형상으로 출현할 수 없었기 때문이다. 여기서 사유되지 않은 것은 인간에 대해 타자를 의미한다. 헤겔의 현상학에서는 대자와 마주하는 즉자였고, 쇼펜하우어에서는 무의식적인 것이었다. 마르크스의 경우에는 소외된 인간이었고, 후설이 분석에서는 암묵석인 것, 비현실적인 것, 침전된 것 실행되지 않은 것이었다. 푸코에 따르면 사유되지 않은 것은 인간의 진실한 모습을 비치는 반성적 지식에 제공되는 것이고 인간이 자신의 진실에 이르기까지 집중하고 자신을 상기해야 하는 출발점이 되는 바탕으로 기능한다. 푸코의 인식에서 인식의 지층을 흔드는 성찰의 공간을 엿볼 수 있는 이유이다.

사물이 인간보다 훨씬 이전에 시작되었다는 사실을 강조하며 푸코가 말하고자 하는 것은 인간이 사물과는 대조적으로 기원 없는 존재라는 점이다. '출생지도 탄생일도 없는' 존재, 탄생이 '일어나지' 않았기 때문에 결코 접근하기 쉽지 않은 존재로 인간을 형상한다. 따라서 시간 속에서 생겨나고 아마도 시간 속으로 사라질 모든 사물의 한가운데에서 인간은 모든 기원으로부터 분리된 채로 이미 현존한다. 그래서 사물의 시초가 발견되는 것은 바로 인간에게서라는 주장은 혁명적이다. 즉, 인간은 어느 순간에 절단된 지속의 부분이라기보다는 오히려 시간 일반이 재구성될 수 있고 지속이 가능해지고 사물이 적절한 시기에 출현할 수 있는 통로로 존재한다는 그의 주장이 파격적이다. 그러면서 푸코는 정신분석학과 민속학이 지식에서 특권적인 위치를 차지한다고 밝힌다. 무엇보다 정신분석학은 인문과학 전체에 내재하는 결정적인 기능에 가장 가까이 자리하면서 의식을 가로질러 무의식의 담론을 말하도록 하고, 이에 따라 재현과 유한성의 관계가 작용하는 기본 영역으로 나아간다고 말한다. 그는 정신분석학이 무의식 쪽으로, 즉 암묵적인 것의 점진적인 해명을 통해 점차로 명확하게 밝혀지는 게 아니라, 사물이나 자체적으로 닫혀 있는 텍스트 또는 가시적인 텍스트에서 공백으로 남아 있는 빈틈 등의 끈질긴 침묵과 더불어 존재한다고 보았다.

푸코의 철학적 성찰 너머에는 그의 사유를 추동한 에피스테메의 별들이 떠다닌다. 그의 철학적 논조 뒤에는 늘 비유적 표현들이 시선을 당긴다. 인간은 지식에 제기된 가장 유구한 문제도 가장 지속적인 문제도 아니다. 사물과 사물의 질서에 관한 지식, 동일성과 차이, 특성과 등가等價 그리고 말에 관한 지식에 영향을 미친 모든 변동 중에서(동일자의 역사가 내보이는 국면) 중에서 150년 전에 시작된 인간은 근본적인 지식의 배치에서 일어난 변화의 결과이다. 따라서 기존의 사고체계를 무너뜨린 데서 근대성을 획득한 세르반테스의 《돈키호테》를 언급하기도 한다. 그에 의하면 언어가 사물과의 오랜 친화력(닮음)을 잃고서 고고한 상태에 처하게 되었는데, 《돈키호테》 이후로 언어는 오직 문학이 됨으로써만 고립된 처지를 벗어나 상상력의 시대에 진입하게 된다. 근대적 코기토가 사물의 존재를 사유로 귀착시킬 때마다 한결같이 사유의 존재는 누구도 사유하지 않는 비활성적인 것들의 망으로까지 퍼져 나가게 된다는 그의 사유에 의해 어떻게 사유가 비사유의 형태로 존재할 수 있는가를 알기 위한 끊임없는 질문이 되살아난다.

사후에 더 조명을 받은 푸코의 철학은 바르트, 데리다 등 후대 철학자들에게 영향을 끼쳤다. 이뿐만 아니라 글쓰기에서 푸코를 인용하는 사례가 가장 많다고 한다. 앞으로도 그의 사유는 인용될 것이다. 푸코는 어떤 사건에 의해 배치가 뒤흔들린다면 인간은 바닷가 모래사장에 그려놓은 얼굴처럼 사라질지 모른다며 근대적 인간의 종언을 결미에서 말한다. 시대의 변화 징후를 감지한 이 책의 결말 뒤로 AI 시대 인간의 길은 어디에 있으며, 이 시대의 에피스테메는 무엇인지를 묻는다. 무형이거나 무정형의 힘에 대한 물음이면서 동시에 미지의 영역으로 밀려나고 밀려드는 미래의 파고에 대한 질문이 무겁게 다가오는 지금이다.

제 2 부

그리움의 망탈리테

그리움의 망탈리테
- 《그리움 쪽에서 겨울이 오면》 배귀선 수필집

　《그리움 쪽에서 겨울이 오면》을 읽는다. 누군가의 마음에 깊게 파고드는 작품을 쓰고자 했던 보들레르처럼 배귀선 작가 역시 《그리움 쪽에서 겨울이 오면》을 통해 인간 심성에 그리움의 무늬를 깊이 새기고자 한다. 그 무늬는 고정되어 있지 않다. 문학의 근원인 이미지의 형상화를 통해 의미를 달리하면서 독자에게 그리움의 감성을 자극한다. 따라서 이 책을 관류하는 정서는 그리움의 망탈리테로 코드화된다. 개인의 심성이 집단적 사고로 연결된다는 측면에서 루시엥 페브르가 언급한 망탈리테를 호명하기 때문이다. 페브르에 따르면 망탈리테는 특정한 시대를 살아가는 사람들이 공유하는 심성 혹은 생활양식으로서 집단적 사고를 의미한다. 이러한 망탈리테 개념을 이 책의 핵심 정서인 '그리움'에 접목할 수 있는데 이는 창작 과정에 투사된 작가의식과 무관하지 않다. 배귀선 작가의 그리움 뒤에는 고독이 행성처럼 떠다닌다.

  이 책에 구조화된 그리움의 스펙트럼은 다양하다. 특히 〈그리움에는 냄새가 있다〉에 투영된 아버지에 대한 그리움은 후각으로 현시된다. 추상적 그리움이 '냄새'를 통해 후각으로 감각화된 것인데 이러한 감각이 부성애의 망탈리테로 나타난다. 예컨대 치매 든 아버지를 모시던 화자가 급한 용무 때문에 외출하게 되면 밖에서 문을 잠가야 했다는 불효의 고백이 쓰리면서도 그리움의 냄새를 맡으려 킁킁거릴 것 같은 이미지다. 그런가 하면 어머니에 대한 그리움은 그늘의 특성을 끌어와 비유와 시적 묘사를 버무려 빚어내고(〈그늘에 들다〉) 있다. 거기에는 어머니의 사랑이 키워낸 나무 그늘이 대상을 구별하거나 배제하지 않는다는 철학적 메시지도 흐른다. 또 유기견과의 인연을 소설의 서사와 시적인 묘사(〈몸살에 대하여〉) 등을 통해 보여주고 있으며, 미늘이라는 상관물을 들어 인연의 미학과 역설적 망탈리테를 보여주기도 한다(〈미늘, 그 환한 아픔〉). 그 밖의 작품에 나타난 종교, 철학, 메타수필 등 다양한 주제들 역시 인간애적 감성을 바탕으로 그리움의 정서를 병풍처럼 두른 가운데 개념화하거나 규정할 수 없는 문학의 특성을 환유한다. 그러니까 이 책을 관류하는 그리움의 망탈리테는 유동적 감정체로 기능한다. 이는 스스로 살아 움직이는 문학의 유기체적 성격과 비선형의 상상과 사유를 동시에 포괄한다. 하나의 사유체계가 정립되면 거기에 안주하지 않는 문학의 특성으로써 주체 안에 응고되지 않고 타지를 향해 유영하기 때문이다.

　무엇보다 배귀선 작가는 경험 현실을 전제하는 데서 오는 수필 문학의 한계를 극복하고 이를 가능성으로 추동한다. 시적 표현을 거느린 암유와 소설적 서사는 물론 희곡적 요소 등을 차용해 퓨전수필을 구가하면서도 수필의 본령을 아우른다. 예컨대 문학적 상징과 역설, 아이러니, 비유적 이미지 등의 수사를 사용해 수필의 지평을 확장하는가 하면 때로는 사태의 본질과 이면을 꿰뚫는 시대적 담론을 펴기도 한다. 그리움의 서정과 함께 시대의 뒤편에 있는 문제들을 성찰함으로써 참여적 시각도 간과하지 않는다. 이뿐만 아니라 철학, 미학, 수사학 등의 문학적 기제를 통로 삼아 기존과 다름을 추구하는 것이다. 이러한 다름의 추구는 일시적인 현상이 아니고 작품마다 투영되어 있는데 이 같은 면이 이 책을 관통하는 그리움의 서정을 견인하는 동시에 보편적 정서로 확장된다. 따라서 주체(작가)가 세계 내 존재자로서 느끼는 이별과 그리움, 절망과 분노 등은 개인적인 것에서 발원하지만 이는 타자의 감정으로 전이되어 공통 감정으로 변화된다. 이렇듯 대상 혹은 타자의 장을 매개로 망탈리테적 감정체를 형성하는 것이다. 이때 그리움의 배후에서 배귀선 작가는 끊임없이 문학의 새로움을 추구한다. 주체가 생성한 새로움의 새로움이다. 오르떼가 이 가세트는 《예술의 비인간화》에서 새로움을 위한 예술론을 주창한 것처럼 배귀선 또한 그의 평론집에서 "새로움에는 새로움이 없다"(《수필의 새로움을 향한 랩소디》, 신아출판사, 2023) 라고 피력한다. 요컨대 인간의 감정은 사유화되거나 고정화된 무엇이 아니므로 문학 역시 새로움을 위한 끝없는 노정에 있다는 맥락이다. 같은 강물에 두 번 발을 담글 수 없다는 말처럼 감정의 근원은 유동성이기 때문이기도 하다. 감성 소멸에 대한 우려의 목소리가 높은 이 시대, 이 수필집에 투영된 그리움이 시대의 망탈리테와 인간의 존재 이유를 묻고 있다.

나 없는 나의 세계
- 《장자, 도를 말하다》 오쇼 라즈니쉬(류시화 옮김)

    장자는 도의 세계를 직접 말하지 않는다. 에둘러 말하거나 상징이나 은유의 수사를 차용해 독자의 시선을 활자로 이끈다. 때문에 장자를 말할 때 시적이라든가 문학적이라는 관용구가 뒤따르곤 한다. 장자는 개인의 수양과 내적 깨달음의 세계에 치중한다. 이때 개인의 수양은 어떤 완성체로 드러나기보다는 늘 수행의 과정에 있다. 말하자면 "'거의 준비가 된 상태'"이며 그 단계에서 에고를 버려야만 깨달음의 세계에 도달할 수 있다. 일반적으로 에고는 인식과 행위의 주체로서 자기 자신을 의미하지만 이 책에서는 내적 깨달음으로 가는 기제로 차용된다.

    오쇼 라즈니쉬의 장자 강의를 류시화가 옮긴 이 책은 시종 인간의 에고에 천착한다. 내 안에 내가 없다는 것은 에고가 없는 상태로 자연 그대로를 의미한다. 새와 나무와 물 등 모든 자연스러운 것에는 에고가 없기에 자연은 그 자체로 도의 세계를 간직하고 있다. 불가에서 말하는 '석가성불 산천초목 동시성불'이라는 말도 여기에 닿아 있다. 석가모니께서 깨닫고 보니 산천초목이 이미 부처였다는 이야기는 우리에게 시사하는 바가 크다. 인간은 미성불未成佛이지만 우주만물은 기성불旣成佛인 것이다. 이러한 도의 경지를 인간은 스스로 파괴한다. 인간의 인위가 얼마나 자기 파괴적인지를 반복 진술함으로써 현대인의 어리석음을 질책한다. 같은 내용을 반복하는 방법은 이 책의 장점이자 단점이기도 하다. 반복이 주는 주술적 효과도 있지만 반대로 지루함을 주기 때문이다. 그렇다 하더라도 이 책은 철학서가 지닌 독해의 어려움을 상쇄하고 줄곧 독자의 몰입을 유도하여 달팽이처럼 느리게 도의 세계로 이끈다.

  무심, 곧 에고가 없는 상태를 현시하기 위해 장자는 여러 우화를 동원한다. 기성자라는 싸움닭을 훈련시키는 사람과 왕의 이야기를 통해 깨달은 자인 붓다의 모습을 보여주기도 하고, 원숭이의 흉내 내기 특성을 통해 인간 내면의 모방심리를 제거하고 자기 자신으로 서는 법을 설파한다. 또 거북이의 생을 예로 들어 숭배의 대상이 되기보다는 진흙과 같은 자연 상태에서 평범하게 사는 생이 아름다운 생이며 도의 세계를 사는 것임을 상징적으로 보여준다. 때로는 "신발이 발에 꼭 맞으면/ 발의 존재를 잊는" 것처럼 마음이 옳으면 "모든 옳고 그름의 판단을 잊는다"는 현상계를 통해 도의 세계를 은유적으로 보여주기도 한다. 새 신발을 신으면 처음엔 발에 잘 맞지 않아 상처가 생긴다. 하지만 상처가 아물고 다시 그 신발을 신으면 더 나은 상태가 된다. 그렇게 도라는 신발이 내게 맞는 상태가 되면 즉, 깨닫고 나면 발의 존재를 잊는 것처럼 늘 판단을 잊는다. 물론 단번에 도라는 신발에 발이 맞을 수 있듯 한번 깨달음으로 돈오돈수의 경지에 이를 수도 있겠으나 마음이라는 것, 에고라는 것은 어쩌면 신발이 발에 맞지 않은 상태에서 맞았다가 다시 맞지 않을 수 있는 것처럼 돈오점수와 같은 수련이 필요할 것이다. 이를테면 '나 없는 나'의 상태의 지속이라기보다는 '나 없음'의 상태에서 다시 '나 있음'의 세계로 들어갔다가 다시 나 없음의 세계를 향한 수양 과정의 연속이라 하겠다.

자연보다 나은 것은 없는데, 우리의 에고는 늘 이 자연스러운 것을 파괴하려고 한다. 어린아이처럼 에고 없는 상태가 아름다운 것을 강조하면서 마음이란 남에 대해서 사용할 때는 거의 언제나 옳으나 자기 자신을 위해 사용할 때는 거의 언제나 틀린 것이라고 덧붙인다. 인간이라는 생명체를 비롯해 모든 생명체는 생명체를 먹기 때문에 다른 누군가를 위한 식량이므로 죽음을 받아들이는 것 또한 나 아닌 타자를 먼저 생각하는 일이다. 새나 벌레에게 육신이 먹히는 죽음을 두려워 말라는 데서 한 걸음 더 나아가 생각의 먹힘까지도 나아가게 한다.

그는 한마디로 마음의 진공상태를 꿈꾸라고 한다. 무엇에도 집착하지 않는 내면의 목소리에 귀를 기울이면서 자신에 대해 연연하지 않는 인간으로 흰 구름같이 바람같이 바위와 같이 자연으로 돌아간 사람이다. "사랑 그 자체가 된 사람은 자신의 사랑을 증명하려고 노력하지 않는다." 예수도 부처도 그렇다. 존재는 존재 그 자체로 아름다운 것이다. 물고기는 물에서 나고, 사람은 도에서 나온다는 것은 물고기가 물을 느낄 수 없듯이 도에서 난 사람은 도를 느끼지 못한다. 하지만 그걸 깨닫지 못하고 도를 찾아 헤맨다는 것을 물고기를 통해 보여주는 대목이다. 한 마리의 물고기가 여러 현자나 스승을 찾아다니며 너른 바다(도)를 찾아다녔으나 결국 평범한 한 마리 물고기를 만나 자신이 이미 바다에 살고 있음을 깨닫는다는 이야기다. 이처럼 깨달음은 나 없는 나의 세계로 귀결된다.

포스트 휴머니즘적 존재자론
— 《객체들의 민주주의》 레비 브라이언트(김효진 옮김)

철학적 인식의 주체는 스스로 인식의 장벽에 갇힐 수 있다는 데서 저자는 주체가 없는 객체를 주장한다. 브라이언트의 객체존재론은 객체를 주체에 대립하는 존재자로 여기는 게 아니라 주체를 비롯한 모든 존재자를 객체로 여기자는 것이다. 다시 말해 그가 지향하는 존재자론과 객체지향 철학은 수평적 관점을 취하면서 객체를 언어의 구성물이나 단순한 상관물로 여기지 않는다.

신神중심의 사회에서 인간 중심의 사회로의 전환을 언명한 철학의 태동은 천명을 극복하고 인간이 인간인 이유를 찾고자 한 것과 같다. 서양의 전통철학은 주체 중심의 철학이었으며 왕정 체제의 중세와 인간 중심의 근대를 거쳐 현대는 탈중심적 인간론을 주창한다. 이때 인간은 배제되는 것이 아닌 세계에 존재하는 다양한 객체들의 객체인 것이다. 종래의 주체 중심 철학사에 대한 비판적 메시지로써 기존의 구분과 배제의 폭력적 구조에 대한 저항과 전복을 꾀한다. 이 책의 서론에서 저자가 "마침내 주체 없는 객체를 향하여"라는 제목을 써서 강조하고 있듯 현대는 '마침내'라는 부사의 차용이 불가피해 보인다. 저자의 말대로 이제 객체는 외부에서 조종될 수 없다.

현대철학 이론은 스펜서-브라운이 언급한 유표공간과 무표공간으로 구분할 수 있는데 유표공간 안에 주체 혹은 문화를 위치시킨다. 그리하여 객체는 무표공간에 떨어지면서 주체와 다른 것으로 여기게 된다. 이에 레비는 객체를 존재론 틀 안의 유표공간에 위치시킬 것을 제안한다. 이렇게 되면 주체는 다양한 객체 중 하나의 객체로 전환되는 동시에 철학과 존재론 안에서 주체가 차지하는 특권적이고 중심적이며 토대적인 지위가 약화되기 때문이다.

실재론적 존재론에 대한 근거들에서 레비는 존재론의 죽음과 상관주의의 발흥을 언급하고 그러한 상관주의적 순환의 단절이 필요하다고 본다. 메이야수가 명명한 상관주의란 인간이 늘 사유와 존재의 상관관계에만 접근할 수 있다는 것으로 이의 핵심에는 뿌리 깊은 인간중심주의가 자리한다는 것이다. 또한 구조주의와 탈구조주의의 탈중심적 현대철학에서 보여수는 반인간주의소차노 언어와 사회적 관계의 자율성 및 독립성을 강조하기에 인간중심주의에서 벗어났다고 할 수 없다는 게 브라이언트의 시각이다. 사회, 정치, 경제 등 여전히 인간중심주의

궤도 안에 있기 때문이다.

레비가 주장하는 포스트휴머니즘적 존재론은 반인간적 존재론이 아니라 인간이 더는 세계의 군주가 아니고 오히려 존재자들에 속하고 존재자들과 얽혀 있으며 다른 존재자들에 연루된 존재론이라는 맥락이다. 이는 곧 객체 존재론을 검토하기 위한 포석이다. 그러면서 그는 자연주의를 유일한 참된 존재론으로 변호하지도 않는다. 즉, 존재와 자연 세계의 객체를 동의어로 판단하지 않는다. 결국 레비의 목적은 상관주의와 단절할 수 있으면서도 상관주의자들의 유의미한 발견 결과를 통합할 수 있는 포스트휴머니즘적인 실재론적 존재론을 제시한다. 로이 바스카의 이론을 인용해 실재론적 존재론에 대한 근거를 들기도 한다. 그는 인간 중심적 사유의 근원인 상관주의의 기원을 데카르트의 코기토에 둔다. 칸트의 초험적 통일성도 헤겔의 변증법적 훈련도 필연적으로 성찰적이라는 데카르트의 논제로 거슬러 올라감을 지적하면서 바스카가 언급한 현실주의가 상관주의를 낳은 근본 전제임을 논제의 중심에 둔다. 현실주의는 인식론적 오류에서 비롯되는데 존재가 존재에 대한 인상이나 감각으로 환원될 때, 존재가 존재에 관한 이야기로 환원될 때, 존재가 존재에 관한 담론으로 환원될 때 존재가 존재를 표현하는 기호로 환원될 때 인식적 오류가 발생한다는 것이다. 따라서 차이, 유예, 비현전 등 존재에 이르지 못하게 방해하는 본질은 특이한 것이 아니라 존재 자체의 존재론적 특질이라는 결론에 이른다. 레비는 포스트휴머니즘적인 실재론 방식으로 존재의 분열을 탐구하고자 한다.

특히 레비의 존재자론(객체지향 존재론)에서 제기되는 문제는 실체의 물음이며 이 책은 그에 대한 대답을 찾고자 하는 데 역점을 둔다. 아리스토텔레스의 범주들에서 하나의 실체는 여타의 것에 관해 서술되지 않음으로 독립적이거나 자율적인 현존을 누리는 실체이다. 말하자면 빨간색이라는 성질은 실체에 내재하고 성질은 실체에 관해 서술되는 반면에 실체는 어느 것에 관해서도 서술되지 않는다. 그러니까 저자는 모든 실체가 실체라는 점에서 동등하다는 바로 그 의미에서 객체들의 평등성, 객체들의 민주주의가 존재한다고 말한다. 그것은 잠재적 고유 존재와 국소적 표현 사이의 분열을 통해 드러낸다. 이때 질 들뢰즈, 슬라보예 지젝, 그레이엄 하먼의 견해를 들어 다각도로 접근한다. 그들의 이론을 끌어와 구체화함으로써 자신의 철학적 기조, 즉 존재자론의 틀을 견고히 한다. '잠재적 고유 존재'에서 브라이언트는 하먼의 신랄한 비판을 수용하고 그의 비판을 통해 자신의 이론을 굳건히 한다. 그러나 무조건적 수용이 아닌 수용과 반박을 통해 사유를 확장한다.

그는 또 라캉주의 정신분석학과 지젝의 이데올로기 비판의 많은 부분을 자신이 제시한 존재론적 틀 안에서 살핀다. 물론 그의 존재자론은 지젝의 존재론과 다르다. 지젝은 주체와 객체 사이에 관계를 구성하는 하나의 극으로 객체를 설명하기에 객체는 언제나 주체에 대한 어떤 객체이고 주체는 언제나 객체에 대한 어떤 주체이다. 말하자면 지젝의 존재론은 절대적 상관주의(주체에서 떨어져 있는 존재자는 전혀 없다는)적 입장의 변양태인데 이와는 대조적으로 레비의 존재자론은 어떤 객체에 불가역적으로 결부되는 '주체'라고 일컬어지는 특별한 범주가 존재하지 않는다는 것이다. 이렇듯 객체에 관한 정의에서 중요한 것은 객체의 실체성을 파악하는 것이다. 객체의 실체성은 자신의 부분들에 있는 것이 아니라 자신의 구조 또는 조직에 있다는 것이고 자신의 고유한 내부 동역학의 결과로서 역동적으로 진화하면서 주변 환경과 상호작용한다는 게 브라이언트가 주장하는 존재자론이다.

 그는 객체를 인간의 구성물로 여기는 것을 거부하며 객체 혹은 대상에 대한 존재론적 실재론으로서 객체적 존재론으로 한 걸음 더 나아간다. 어떤 주체 앞에서 또는 면전에서 대립하는 극으로서의 객체라기보다는 오히려 독자적으로 존재하는 객체를 현시한다. 어떤 주체의 응시 대상, 표상의 대상, 혹은 문화적 담론의 대상이 아닌 독자적인 객체들에 시선을 집중한다. 그러니까 객체는 주체에 대해서 구성되거나 마주서 있는 존재가 아니며 객체 자체의 해석과 번역에 의해서 이해되길 원한다. 독자적이고 독립적으로 존재하는 객체를 규명하려고 시도하는 가운데 그는 주체와 객체 사이, 그리고 객체와 객체들 사이에 어떤 특권적 지위나 종류가 있는 게 아니라 주체 사이의 정도의 다름이 있을 뿐이다. 각기 다른 객체들의 존재론적 지위의 평등성이 그것이다. 주체에 비추어 이해한 객체는 열등한 타자이거나 종속적 타자일 수밖에 없다. 인식의 주체는 태생적으로 객체에 대해 지배의 욕망이 자리하기 때문이다. 그러나 주체 역시 또 다른 객체일 뿐이다. 주체는 항시 또 다른 객체에 의해 전복되는 역사를 지니기 때문이다. 따라서 이 책은 수평적이고 평등한 존재론에서 객체적 존재론으로 나아가는 과정을 기술한 것으로 그 핵은 주체 없는 객체이다. 이러한 주장을 위해 라캉의 '성별화 그래프'를 존재론적 견지에서 자세히 분석해 타당성을 끌어내기도 한다.

  결과적으로 객체는 존재한다는 그 자체로 동등하다는 장자의 만물제동萬物齊同이 엿보이는 가운데 저자가 주장하는 존재자론과 객체지향 철학의 핵심은 평평한 존재론과 객관적 존재론에 있다. 존재를 민주화하기 위해서는 주체와 객체 사이, 인간과 세계 사이, 마음과 실재 사이에 형성된 하나의 근본적인 간극을 주장하는 게 아니다. 여기에서 인간의 포함 여부는 중요하지 않다. 중요한 것은 객체들 사이에 형성된 진공상태를 주장하면서 서로 환원 불가능한 존재 객체들의 다원성을 옹호하는 것이다. 이 같은 내용을 다양한 철학적 담론과 정신분석적 차원과 사회학 등을 망라해 분석한 《객체들의 민주주의》는 포스트 휴머니즘적 존재자론으로 규합된다.

데카당 문학의 역설, 영혼의 진통제
― 《도리언 그레이의 초상 1890》 오스카 와일드 (임슬애 옮김)

　감각적 묘사가 두드러진 이 소설은 도덕적이고 사회 참여적 효용성을 배제하는 유미주의와 예술지상주의를 표방한다. 이는 영원한 젊음을 위해 영혼마저도 흔쾌히 팔 수 있는 미의 화신과 같은 인물을 통해 구현된다. 이때 환상 기법은 이야기를 이끄는 핵심축인데, "젊음이 영원할 수 있다면"이라는 가정법을 현실로 전환함으로써 가능해진다. 즉, 내적 현실과 외적 현실 사이를 이어주는 통로로 문학적 환상성이 개입한다. 인간 대신 초상화가 늙어가는 기묘한 서사를 축으로 환상성과 그로테스크한 면이 그 시대 엄숙주의에 대한 반항을 표출하는 매개로 작용한 것이다. 로즈메리 잭슨은 《환상성-전복의 문학》(서강여성문학연구회 옮김, 문학동네 2001)에서 환상이 생소하거나 비인간적인 세계를 창조하는 것도, 초월적인 것도 아니라고 말한다. 이 세계의 요소들을 전도시키는 것으로서 낯설고 친숙하지 않은 것이며 명백하게 '새롭고' 절대적으로 '다른' 어떤 것을 산출하는 기제라고 언급한다. 그러니까 환상은 전복적 사유를 바탕으로 새로움을 창출하는 동시에 '존재하는' 것에 대한 불만족을 드러내면서 대상을 소유하기보다는 욕망하는 대상을 통해 치유를 기도하는 문학적 치유의 도구인 셈이다. 오스카 와일드 역시 탐미적 인물을 통해 환상이 지닌 치유적 성격까지도 이면하고 있다.

도입의 초여름 정원 풍경 묘사는 도리언의 젊음을 상징하는 장면이자 환상과 실제의 가교로 기능한다. 또한 도리언의 초상화는 인간의 영혼을 들여다볼 수 있는 상상의 기제이면서 도리언이 퇴폐적이고 악마적 미의 화신으로 변모케 하는 상징적 소재로 중심제재이다. 바질 홀워드가 그린 젊고 아름다운 자신의 초상화를 본 도리언은 영원한 젊음을 희구하게 되고 그 소원이 이루어진다면 영혼이라도 내주겠다고 발화한다. 소원대로 아름다움과 젊음을 간직하지만, 도리언의 초상화는 자기 탐닉과 타락에 빠진 사악한 모습으로 점점 바뀌어 간다. 그것은 도리언의 타락과 죄악에 물든 실제 생활을 초상화가 반영하는 구조이다. 불가능한 현실을 가능하게 한 문학의 환상성은 이처럼 탐미주의적 예술을 포섭하면서 인간의 욕망이 어떤 결과를 초래하는지도 보여준다. 도리언의 죄악을 보여주기 때문에 초상화는 도리언에게 두려움의 대상이자 올가미와 같다. 미의 영원성을 추구한 욕망이 실현된 대가로 인해 도리언의 내면은 갈등하는 사티로스가 된다. 내면에 선과 악, 천국과 지옥을 동시에 지니게 된 그는 두려움을 잊기 위해 음악에 심취하거나 보석 연구에 몰두하기도 한다. 또 신비주의와 다원주의에 몰입하거나 자수의 하나인 태피스트리에 집중한다. 이 같은 탐구 혹은 탐닉은 미에 대한 탄식과 동경을 불러일으키기도 한다. 예술적 환상과 몽상의 현을 켜는 인물 도리언은 저자 오스카 와일드가 되고 싶었던 존재라고 했듯 작가의 이상을 반영한 인물이자 데카당 문학의 역설을 투영하는 인물로 진정한 쾌락주의의 모델이라 할 수 있다.

오스카 와일드는 헨리와 바질이라는 인물을 통해서도 자신의 예술관과 문학관을 드러낸다. 그 시대 지배층과 사교계의 민낯을 보여주는 헨리는 19세기 상류층의 지식인을 대변하는 인물이다. 영혼에도 동물적인 면모가 있고 몸에도 영적인 순간이 있다며 둘을 위계적으로 구분하지 않는다. 그러면서 감각도 갈고 닦을 수 있고 지성도 타락할 수 있다는 헨리의 언변에서 조르주 바타유의 《에로스의 눈물》이 겹쳐진다.

그런가 하면 감각 경험이 매도되는 것과 진정한 쾌락주의가 무엇인지 언급한 데서는 19세 말엽 스테판 말라르메가 주도한 '화요회'라는 모임이 오버랩되기도 한다. 한편 헨리와 달리 도덕적인 면을 강조하는 화가 바질은 도리언의 양심을 자극하는 인물이다. 그는 도리언의 초상에 천사와 같은 선한 영혼을 투사하고 초상화를 영혼이라 인식하는 인물이기에 험악하게 변해버린 초상화 앞에서 경악을 금치 못하고 절규한다. 숭배의 대상이 파괴된 것에 절망하는 바질의 모습에서는 기독교적 도덕과 윤리를 강조하던 19세기 이전의 잔재가 엿보인다. 그런데 오스카 와일드는 당시 헨리를 타인이 생각하는 자신의 모습이었고 바질은 실제 자신의 모습이라고 말한 바 있다.

이 책이 발표되었을 때 비평가 집단은 매서운 비평의 날을 들이댔다. 기독교적 형이상학을 무너뜨리는 도리언의 언사에 이 책이 쓸모없으며 쓰레기와 같다고 비판한 것이다. 예술은 도덕과 윤리를 초월한다는 유미주의에 대한 비판인 셈인데, 기실 예술 그 자체로 아름다움을 간직하고 있는 탐미주의는 도덕과 윤리라든가 선과 악의 이분법적 잣대를 거부한다. 이를 반영하듯 영혼의 초상화를 그린 창조자 바질을 살해하기에 이른 도리언은 어떤 법적 처벌도 받지 않는다. 다만 개과천선한 도리언이 표정에 변함이 없는 초상화를 칼로 찌름으로써 그의 육신이 죽음에 이르게 되고 영혼의 초상화는 애초의 아름다운 모습으로 돌아간다는 결말로 이끈다. 이로써 환상이 현실로 환원되는 구조이다.

아일랜드 출신의 작가 오스카 와일드의 이 소설은 당대의 문제작임에는 틀림이 없다. 그러나 예술은 순수하게 예술을 위해 목적하므로 쓸모없다고 주장하는 그 이면에는 쓸모없음의 쓸모가 실루엣처럼 드리워져 있다. 이러한 무용無用의 유용有用을 그린 데카당 예술 또한 상처받은 영혼을 치유하는 진통제가 되지 않을까.

새로움을 향한 낭만성
- 《군도》 프리드리히 실러(홍경호 옮김)

    이사야 벌린은 《낭만주의의 뿌리》(이제이북스, 2005)에서 예술이 칸트의 직접적인 저작보다는 실러의 작품을 통해 더욱 강력한 영향을 받은 듯하다고 말한다. 충동, 기질, 불가항력에 의해 행동하는 인간은 도덕적 행위자인 철학자 칸트의 언술보다는 문학가 실러가 보여준 이상과 현실의 괴리에 더 잘 나타난다는 것으로 낭만주의적 예술의 특징도 견인한다고 보는 것이다. 칸트는 억제된 낭만주의자로서 도덕적 이성을 강조했으나 또 한편으로는 자유의지를 주창한 철학자임에는 이견이 없다. 어쨌거나 벌린의 말대로 실러의 《군도》는 가족의 비극을 통해 인간의 자유라든가 욕망, 시기, 질투 등 인간 내면을 예리하게 꿰뚫기도 하고 인간 심리의 이율배반적 모순을 적나라하게 보여주면서 기존의 법칙에 저항한다는 데서 낭만주의적 성격을 배태하고 있다. 말하자면 형제의 반목을 통해 신부, 목사, 영주 등 당대 기득권층의 모순을 신랄하게 비판하는 동시에 사회문제를 드러낸다.

지방 영주인 모어 백작의 장남 칼은 자유로운 기질(직관)을 지닌 인물이다. 반면 동생 프란츠는 아버지 모어 백작이 형인 칼을 편애하는 것에 앙심을 품고 함정에 빠뜨린 뒤 아버지를 외딴 성에 유폐시키고 형의 애인 아말리아를 유혹하는 등 악을 상징하는 인물이다. 칼은 동생 프란츠의 모함으로 아버지와 의절하게 된 뒤 이성적으로 판단하기보다는 이 사회를 바로잡겠다는 일념 하나로 도적단의 두목이 되어 폭정과 압제에 저항함으로써 비뚤어진 사회 정의를 되찾으려는 인물이다. 하지만 이상과 현실은 괴리가 있었다. 칼의 의도는 좋았으나 그 실행 과정에서 괴리가 생긴 것인데 도적들의 비이성적 만행과 약탈에 의해 칼의 이상은 무너지고 만다. 여기서 조선 시대 허균의 《홍길동전》과 비견할 수 있다. 허균이 당대의 적서차별의 폐해에 치중해 그 사회를 비판하고 유토피아적 국가 건설을 희망했다면 실러는 이상과 현실에 가로놓인 간극을 깨닫고 현실적 맥락에서 가난한 자를 돕는 결말을 취한다. 《군도》는 근대 계몽주의를 거쳐 현대로 들어서는 시기에 창작된 희곡이라는 점에서 허균의 《홍길동전》과 다른 결을 보인다. 허균과 실러는 동양과 서양이라는 공간과 시간적 차이는 물론 인간 지성사의 발전 양상에서도 차이를 보이는데 그럼에도 불구하고 저항의 코드인 낭만주의적 경향으로서 의적 메타포는 겹쳐있다.

한편 이 책에서 극적인 여러 사건의 전개라든가 암울한 분위기는 흥미를 극대화하는 가운데 비극적 결말로 치닫는다. 칼의 자유를 향한 외침과 반항 그리고 사랑은 복잡한 현실의 굴레 앞에서 그저 무기력할 뿐이다. 이상과 현실, 감정과 도덕 사이에서 번민하는 그의 영혼 뒤로 아버지와 동생의 죽음 그리고 도적단의 반발에 부딪힌 칼은 급기야 사랑하는 여인 아말리아를 자신의 손으로 죽이게 된다. 하지만 도적 두목으로서 저지른 죄를 뉘우치고 자수를 함으로써 죄를 씻고자 하는 참회의 결말이다. 이러한 비극적 결말은 그리스 비극의 전통과 닿아 있으나 조금 다른 양상을 띤다. 예를 들어《오이디푸스》의 오이디푸스와《안티고네》의 안티고네가 인간의 의지를 벗어난 불가항력의 숙명적 비극이라면《군도》에 드리운 비극은 인간의 의지 혹은 이성적 행동의 결여로 인해 발생했다는 데서 차이가 있다. 특히 안티고네의 비극적 '죽음충동(타나토스)'은 죽음에서 끝나는 것이 아니라 생성으로 이어질 수 있다는 데서 새로움을 향한 낭만성이기도 하다. 안티고네의 상징은 기존 질서에 대한 거부이고 위반인 동시에 정신분석적으로 존재의 죽음충동과 연결되는 지점이다. 죽음은 죽음으로 끝나는 게 아니라 죽음(파괴)에 의한 생성을 전제하고 그 전복에서 새로움의 메커니즘이 작동하기 때문이다.

계몽주의에 반대하며 감정의 해방과 직관을 주창한 실러는 주인공 칼과 프란츠를 통해 인간의 근원 욕망이라든가 자유의지를 환유적으로 드러내는데 계몽주의에서 낭만주의로 담론의 질서가 이동하던 시대를 반영한 것이다. 독일의 낭만주의라고 할 수 있는 질풍노도 운동은 영국을 비롯한 서구의 여러 국가에 영향을 미쳤다. 하지만 독일에서는 곧 스러지고 마는데 실러의 문학적 진행 방향도 독일의 흐름에 따라간다. 1787년에 발표한 《돈 카를로스》라는 작품을 분기점으로 청년기의 파괴적이고 감정 분출 경향을 넘어 객관적이고 긍정적인 세계관을 펼쳐나가기 때문이다. 하지만 《군도》는 실러의 처녀작으로 기존에서 벗어나고자 한다. 새로움을 향한 낭만주의적 색채가 두드러진 《군도》는 비극적 결말 뒤에 희망을 남겨둔다. 문학의 이면을 읽는 것으로서 삶과 죽음, 사랑과 미움, 이상과 현실 등 대립은 대립이 아닌 그 너머의 의미를 고고학자처럼 발굴한다.

고백문학의 페르소나
- 《가면의 고백》 미시마 유키오(양윤옥 옮김)

 가면을 뜻하는 페르소나는 고대 그리스의 가면극에서 배우들이 썼던 가면에서 유래한다. 이후 유럽의 여러 언어에서 사람(person)이나 성격 또는 인격(personality)을 뜻하게 되고 심리학에서도 사용하게 된다. 우리나라의 봉산탈춤에서 탈 역시 가면의 일종으로 그것을 착용하고 시대의 부조리를 폭로하거나 조롱하는 페르소나 도구로 사용되었다. 봉산탈춤의 제6과장 양반춤은 말뚝이가 양반 사회의 부정부패와 비리 등을 비롯해 생활상을 해학과 풍자로 고발한 것으로 잘 알려져 있다.
 《가면의 고백》을 완벽한 '고백의 픽션'으로 만들고자 했던 미시마 유키오는 이 책을 통해 모순된 자기 안의 가면을 고백하는 형식을 취한다. 예술가로서 소설의 서술자와 작가 자신의 삶을 분리하지 않으려 한 의도로 읽힌다. 삶이 곧 예술이고 예술이 곧 삶이라는 인식을 이 소설의 가면을 빌려 '임금님 귀는 당나귀 귀' 같은 내면의 비밀을 내려놓은 방식이다. 즉, 이 책은 겉으로 드러낼 수 없는 자아의 동성애적 감성 혹은 존재의 내면을 흔드는 불안과 욕망의 갈증으로 인해 삶의 불균형을 일으킨 자아의 내적 고백 서사라 할 수 있다. 삶 자체를 최고의 예술로 생각한 미시마 유키오의 심미주의적 세계관이 드러난 이 책은 화자가 태어났을 때부터 성인이 되었을 때까지의 성장 과정을 유년기, 청소년기, 대학 생활기, 성년기로 나눈 순차적 구성이다.

태어나 일 년이 되던 해 계단에서 굴러떨어져 죽을 고비를 넘긴 뒤부터 자가중독 증세를 보이는 허약한 주인공 '나'는 유년시절 조모의 집착에 가까운 편애와 아버지의 부재로 인해 자기 정체성을 성립하지 못한다. 하여 '나'는 주변 환경에 의해 잃어버린 사내아이다운 면모를 찾기 위해, 병약한 자신을 감추기 위해 연기하면서 가면 뒤에 숨기 시작한다. 이는 자신이 총알을 맞는다 해도 아플 리가 없다는 등 갖가지 상상으로 이어지고 상상이 지나쳐 과대망상에까지 이른다. 사춘기에 접어든 '나'는 '성 세바스티아누스'라는 산문시를 써서 동성애적인 면모를 드러내고 오미라는 동성 친구의 육체에 사랑을 느끼게 된다. 유년시절 분뇨수거인의 건장한 육체에 대한 동경이라든가 병사의 땀 냄새에 대한 묘사, 동화 속 왕자만을 사랑했다는 데서부터 암시되듯 동성애적 성향은 일찍부터 발견된다. 강인한 육체를 가진 친구 오미를 바라보는 열세 살 화자인 '나'는 극도의 불안과 양가감정에 휩싸여 자살 충동을 경험한다(실제 미시마 유키오는 할복자살로 생을 마감한다). 동성애적 기질을 미시적 감정선으로 처리함으로써 탐미주의적 성향을 보여주기도 한다. 이러한 화자의 성향은 고등학교 때까지 이어지는데 자신의 육체를 부끄러워하며 성도착증세까지 보이는가 하면 과잉몽상에 빠져 그로테스크한 장면이 펼쳐진다.

이렇게 비정상적인 유년기와 청소년기를 보내면서 소설을 탐독하기도 하고 휘트먼의 시를 인용해 친구의 신체를 찬양하기도 한다. 하지만 여전히 빈약한 자신의 신체에 대해 부끄러워한다. 종전을 한 해 앞둔 1944년 대학에 들어간 '나'는 소노코를 만나 이성과의 관계에서 정상적으로 반응할 수 있는 듯이 보인다. 그러나 소노코에게 애매한 편지를 보내고 이십 대의 화자는 자기기만적 자책과 야유를 퍼부으며 그 시기를 존재의 밑바탕을 뒤흔든 슬픔이었다고 술회한다. 이성애적 감성이 부재한 '나' 자신을 비정상이라고 인지하고 이성애를 찾아 정상적인 감정생활을 누리고자 애쓰지만 결국 '나'는 그 길로 들어서지 못한 것이다. 이처럼 미시마 유키오는 작품 주인공 '나'를 통해 과거 자신의 경험을 고백 형식을 통해 서술하고 있는데, 이때 자기 파괴와 동성애적 이상 성향에 따른 결과물로서 작품 속에 나타난 타나토스는 그의 작품을 이해하는 중요한 키워드라 할 수 있다. 또 정신보다는 감각을, 현실보다는 공상을 추구하는 탐미주의적 경향이 드러나는 이 작품에서 화자의 경험은 자신의 가면을 넘어 보편적 존재자의 가면을 벗기는 데 일조한다. 고백문학이 지닌 효과다. 오스카 와일드의 《도리언 그레이의 초상》 역시 미시마 유키오가 말하고자 하는 고백의 픽션, 그 진실 구현에 다가가 있다. 결국, 문학은 사실의 재현이 아닌 진실의 구현을 위해 가면을 여러 개 만들 수 있고 그 가면은 인간이 내면을 파헤치는 문학적 도구로 사용된다.

문학에서 페르소나는 사회의 부조리한 현상을 폭로하기 위한 것이며 그 목적은 세계의 보편적 가치를 실현하기 위한 데 있다. 미시마 유키오 역시 고백의 픽션이라는 가면 형식을 취함으로써 한 인간의 악마적 성향 혹은 에로티즘적 성향을 드러내는 동시에 나약한 한 인간 개별성 안에서 보편적 가치를 실루엣처럼 배면하기도 한다. 나아가 이 작품이 1949년 발표되었다는 데서 유추할 수 있는 것은 패망한 일본인들의 내면에 진실을 은폐한 거짓의 가면이 드리워져 있음을 저자가 감지한 것이고 이를 자신의 유년과 성년의 가면에 덧대어 보여주고 있다는 것도 배제할 수 없을 것이다. 흔히 삶을 무대라고 하듯 미시마 유키오는 인간이 그 무대에서 진실한 자기 자신을 연기하며 사는지 아니면 거짓의 자기로 연기하며 사는지 자기 자신의 페르소나를 들어 물은 것이라 하겠다.

자유와 구속의 딜레마
― 《자유로부터의 도피》 에리히 프롬(원창화 옮김)

　무엇에 얽매이지 않고 자신의 의지대로 행동하는 것을 의미하는 자유는 문자 그대로 구속이 없는 상태로 인간이 추구해야 할 바람직한 이상이다. 프롬은 근대 이후 인간에게 자유가 주어졌지만, 진정으로 자유를 누리지 못하고 있을 뿐 아니라 인간이 자유로부터 도피하려 한다고 본다. 이 같은 인식에서 한 걸음 더 들어가 자유의 본질에 대해서도 심도 있게 묻는다. 자유의지에 의해 행동하는지 질문하는 그에 따르면 근대인은 전근대적인 사회의 구속으로부터는 해방되었으나 개인의 능력 표현이라는 적극적 의미에서의 자유는 상실했다. 그러니까 그가 말하는 자유로부터의 도피는 적극적인 자유(~에 대한 자유:freedom to)가 아닌 소극적인 자유(~로부터의 자유:freedom from)로부터의 도피이다. 인간의 독자성과 개인성을 바탕에 둔 적극적인 자유는 추구해야 할 것이지 도피해야 할 대상이 아니다. 그러므로 《자유로부터의 도피》라는 모순어법 제목이 독자의 호기심을 붙들면서 진정한 자유가 무엇인지를 무의식적으로 또 의식적으로 쫓아가도록 한다.

계급과 종교의 차이는 사라지고 정치적 자유도 증대된 근대의 개인은 자신의 근면과 지성과 용기로 경제적 이익을 얻는 것이 허용되기에 성공의 기회도 개인의 몫이고, 실패의 위험도 개인의 몫이다. 각자가 자신을 제외한 모든 사람과 맞서 싸우는 치열하지만, 자유로운 경쟁 속에 놓이게 된 것이다. 자유는 근대인을 고립시킴으로써 그들을 자유로부터 도피하게 하느냐 자유의 실현을 위해 적극적으로 행동할 것이냐 하는 딜레마에 빠지게 했다. 프롬은 이러한 자유로부터의 도피 메커니즘에 대해 정신분석과 사회심리학적으로 접근한다. 예컨대 나치즘의 심리는 히틀러가 대중을 경멸하면서도 '사랑'한다고 연설한다는 것이다. 또 대중을 조각가의 재료와 같은 존재로 인식하는데 이 같은 나치즘의 지배 심리를 전형적이고 사디즘적 방법이라고 설명한다. 그런가 하면 파시즘의 지도자에 대한 복종은 마조히즘과 연결되어 있음을 언급한다. 이처럼 두 심리의 근원적 속성은 고립감이며 자유로부터의 도피는 이 고립감과 무력감으로부터의 도피 과정으로 파악할 수 있다. 사디즘과 마조히즘은 비합리적이지만 근원적으로는 그 관계가 밀접한 개념임에도 두 용어는 일반 대중에게 상반된 개념으로 인식되고 있다. 작가나 철학가 등 주체직 존재들은 고립감을 견뎌낼 의지(힘)가 있으나 일반 대중은 고립감을 두려워하므로 나치즘과 파시즘이 존립할 수 있었다는 해석이다. 독일의 나치즘에서와 마찬가지로 오늘날의 민주주의 체제에서도 자유는 도피의 메커니즘에 의해 적극적인 자유로 나아가지 못한다. 권위주의적인 지도자에게 스스로 예속되는 형태이거나 은폐된 강제성에 의해 순응하고 있기 때문이다.

권위주의 도피 메커니즘에서 에리히 프롬은 외적 권위와 내적 권위보다는 공공연하지 않은 익명적 권위가 사회에 더 부정적이며, 도피의 메커니즘 중 '자동순응성'이 사회적으로 큰 의미를 지닌다고 본다. "개인적인 자아를 버리고 자동인형이 되어 주위 수백만의 다른 자동인형과 동일해진 인간은 이미 고독이나 불안을 느낄 필요가 없"기 때문에 그들은 자기 자신됨을 버리고 카멜레온처럼 보호색으로 위장하여 대중 속으로 들어가기 마련이다. 이때 고독과 불안을 느낄 수 없는 개인은 자아를 상실하게 된다. 그러나 사람들은 자아 상실을 인식하지 못한다. 자기는 거짓된 '자기'이고, 자기의 사상이나 감정, 욕구 따위는 '자기의 것'이라고 생각한 것에 지나지 않은 것이다. 즉, 진정한 자아가 없는 상태이다. 자아 상실이나 도피는 그것으로 끝나는 게 아니라 새로운 상실과 속박을 양산한다. 그렇다면 개인이 고립감을 극복하고 독립적인 존재로 세계나 타자와 만나는 적극적인 자유는 없는 것일까. 프롬은 인간의 동일성을 희생하지 않고 자기소외를 극복할 수 있는 것은 자발성이라고 강조한다. 현대인은 개인의 자아실현이 가능하도록 자유를 발전시켜오는 동인 자유가 주는 적극적 의미를 깨닫지 못하고 소극적 자유에 의한 도피심리를 형성하거나 스스로를 획일화하고 일반화하는 어리석음을 초래했다. 이러한 소극적 자유론을 벗어나 자유가 주는 진정한 적극성을 확보하기 위해서는 개인의 자발성이 중요하다는 것인데 적극적인 자유야말로 인간이 거대 경제 체제의 톱니바퀴와 같은 자동인형에서 탈피하여 고립감을 극복할 수 있는 지름길일 것이다.

  자유와 구속에는 심리적으로 서로를 당기는 인자가 숨어 있다. 구속은 자유를 갈망하게 하고 때로 자유는 구속을 꿈꾸게도 하기 때문이다. 딜레마의 미로를 빠져나올 수 있는 방편은 어디에 있을까. 에리히 프롬의 자유론에 눈을 주는 것도 좋겠다.

시간 여행자의 희원
- 《제5도살장》 커트 보니것(정영목 옮김)

    시간 여행 기법과 아이로니컬한 결말에 더해 작가 자신의 체험과 허구가 결합된 소설이다. 제2차 세계대전 말기인 드레스덴 폭격 사건을 다룬다는 측면에서 반전 메시지와 현대문화에 대한 비판적 시각을 엿걸어놓는다. 전쟁을 소재로 하고 있으나 반전을 부각하기보다는 전쟁과 죽음을 바라보는 작가의 냉소적 관점이 두드러진다. 전쟁을 경험한 화자의 트라우마를 드러내는 방식으로 시간 여행 기법이 차용된다. 일인칭 화자인 '나'가 주인공 빌리의 이야기를 하는 등 이야기의 전개가 무질서하게 뒤섞인 카오스적 세계를 암시한다. 시간 여행 기법은 전쟁이 끝났으나 끝나지 않았음을 보여준다. 일테면 전후에도 '나'의 심리직 드라우마는 계속되기 때문에 그것은 끝난 것이 아니라는 메시지를 이면하고 있다. 이처럼 이 책은 화자의 시간 인식을 반영하는 동시에 전쟁의 비애와 비참함을 허구와 사실(전쟁 포로 체험)의 경계를 넘나들며 담아내고 있다. 작가의 말처럼 정신분열증적 방식을 도입한 것은 자신도 모르게 눈물을 흘리는 주인공의 삶을 그려내기 위한 것이었으며 이러한 방식이 용이했을 것이다. 베트남 전쟁을 겹쳐서 보여주기도 하고 전쟁을 상품화하는 영화계를 비판하기도 한다.

제2차 세계대전 당시 전쟁 포로였던 저자는 1945년 2월 13일부터 2월 15일까지 연합군 폭격기 편대가 드레스덴에 실행한 대규모 폭격의 현장에 있었다. 일명 드레스덴 폭격 사건이다. 3일 동안 약 3,400여 톤의 폭탄이 도시로 떨어져 민간인 2만 5천여 명이 숨지고, 바로크 건축과 예술로 유명하던 드레스덴의 많은 부분이 파괴되었다. 공습으로 도시 전체가 잿더미로 변한 드레스덴에서 살아남은 미국인 포로 에드거 더비의 죽음은 시사하는 바가 크다. 도입부에서 언급한 대로 폐허에서 찻주전자를 가져갔다는 이유로 정식 재판에 회부되고 사형을 당한 것이다. 이는 전쟁의 아이러니, 나아가 인간 실존의 아이러니를 드러내려는 의도된 장치라 하겠다. 그런데 화자는 누구의 죽음이든 죽음을 언급할 때마다 "뭐, 그런 거지."라는 말을 무심하게 뱉는다. 무미건조한 목소리가 배어 있는 그 문장은 무려 106번이나 등장하는데 예수의 죽음을 언급할 때도 개미의 죽음을 언급할 때도 마찬가지로 발화한다. 성인의 죽음이든 미물의 죽음이든 구별하지 않는다. 따라서 이 발화는 삶은 곧 죽음이라는 것을 암시하는 동시에 냉소적 아이러니를 드러내는 상징으로 기능한다.

> 온 천지가 죽음, 죽음, 죽음이다. 일부는 석탄처럼 완전히 새까맣다. 일부는 마치 잠이라도 든 양 전혀 손상되지 않은 채 누워 있다. 앞치마를 입은 여성들, 아이들을 데리고 전차에 앉아 있는 여성들, 그들은 방금 깜빡 잠이 든 것 같다. 일부 파편에 팔과 머리와 다리가 찔리고, 두개골이 박살났다.
> — 드레스덴 폭격 생존자 마르그렛 프라이어의 증언[5]

참혹한 폭격의 현장에서 보이는 것은 죽음이고 고통뿐이다. 기실 드레스덴 폭격 작전은 현재까지도 그 의도와 실효성에 대해 많은 논란을 불러일으키고 있다. 전쟁을 승리로 끝내고자 하는 인간 의지들이 모여 어쩔 수 없는 결론을 내렸다고는 하지만 그로 인해 고통받은 이들이 너무 많았기 때문이다. 그런데 전쟁으로 무고하게 죽는 사람들은 대개 불특정다수의 힘없는 자들이다. 전쟁이야말로 이 세상에 무고한 자는 없다는 인식을 강제로 주입하는지도 모른다. 인류사는 전쟁사라고 할 만큼 인간은 또 다른 인간을 향해 폭력을 행사해 왔다. 지금도 러시아와 우크라이나의 전쟁은 계속되고 있으며, 이스라엘과 팔레스타인 역시 서로를 향해 총기를 난사하고 있다. 현대의 전쟁은 무기전쟁이라는 말이 있듯 첨단 무기들은 인간을 점점 더 비인간화되는 경향으로 몰아간다.

---

5) 스벤 린드크비스트, 김남섭 옮김, 《폭격의 역사》, 한겨레신문사, 222~223쪽.

전쟁을 소재로 한 이 소설의 시간 여행 기법은 20세기 심리소설에서 차용되었던 의식의 흐름 기법과 맥이 닿아 있다. 내적 독백의 한 형식으로 인물의 의식을 따라가는 형식이 의식 흐름 기법이라면 시간 여행 기법은 시간과 공간의 파괴 내지는 중첩의 방식으로 드러난다. "빌리는 눈을 감았다. 눈을 뜨자 다시 제2차 세계대전으로 돌아와 있었다."라는 방식이 그것이다. 또 포로들 사이에서 "숟가락처럼 누웠고, 잠이 들었다"가 아내와 함께 침대에 "숟가락처럼" 겹쳐 누웠다는 표현으로 과거와 현재를 넘나든다. 이 같은 시간 여행의 차원이 유년, 청년, 중년 세 겹으로 나뉜다. 또 때로는 미래에 가 있던 화자가 요의를 느껴 화장실 전등을 켜기 위해 벽을 더듬거리다가 과거로 이동하기도 한다. 이러한 서술 방식은 곧 전쟁이 과거와 현재 그리고 미래를 겹쳐놓는 폭력이라는 것을 암유하는 작가의 의도로 읽힌다. 그것은 위험을 알리는 사이렌 소리에도 기겁하며 제3차 세계대전이 발발할지도 모른다는 화자의 불안의식으로 나타나기도 한다. 전쟁을 경험한 그의 불안은 강도가 높다. 이처럼 전쟁에 대한 트라우마는 깊이를 알 수 없는 두려움과 공포를 낳는다. 화염이 휩쓸고 지나간 흔적처럼 온 도시가 재로 변한 드레스덴 폭격 후 사진은 그저 기록이 아니라 가슴에 비수처럼 다가온다.

한편 시간 여행을 통해 트랄파마도어 행성(이곳은 화자에게 의식의 도피처 같은 곳으로 이상향의 공간이다)에 가서 배운 것 중 가장 귀중한 것이 무엇이냐는 물음을 통해 화자는 "행성 전체의 거주민이 평화롭게 살 수 있다는 것"이라며 인류 평화의 염원을 슬어놓는다. 덧붙여서 자신은 시초부터 무의미한 학살에 가담해온 행성(지구) 출신이며 자신은 자신의 동포가 급수탑에서 산 채로 삶아 죽인 여학생들의 주검을 보았으며 수용소에 있을 때는 밤이 되면 그렇게 끓는 물에 죽은 여학생들의 오빠나 아버지가 도륙한 인간의 지방으로 만든 초를 켜 어둠을 밝혔다고 진술한다. 때문에 지구인은 우주에서 가장 가공할 존재임이 틀림없다는 것이다. '가장 가공할 존재'라는 어구의 이면에는 문맥상 인간 실존에 대한 차가운 조소가 담겨 있다. 그러면서 저자는 이 모든 일은 실제로 일어난 이야기임을 다시 강조한다. 그러니까 보르헤스적으로 현실과 허구의 경계를 해체 또는 무화시키고 있다.

    결말에서 보니것은 포화가 휩쓸고 간 폐허 현장에 새들을 등장시켜 "지지배배뱃?"이라고 인간을 향해 물음을 던진다. 냉소적 물음의 주체가 새들이라는 데서 인간과 새의 위치가 역전시킴으로써 휴머니즘을 바탕으로 포스트 휴머니즘적 평화를 희구하는 결말이라 하겠다.

이미지와 폭력
- 《타인의 고통》 수전 손택(이재원 옮김)

    사진은 재현의 기능을 넘어 그 이면의 의미를 포착할 수 있어야 한다. 공적 이미지든 사적 이미지든 거기에는 숨겨진 시간과 공간이 지닌 의미가 있다. 수전 손택은 그러한 사진 이미지를 통해 인간의 폭력성과 폭력의 이면에 질문을 던진다. 폭력이 극명하게 드러나는 전쟁을 기록하고 재현한 것은 사진이었으며 그 사진은 전쟁사의 기록뿐만 아니라 인간의 폭력성이 어떻게 이미지로 보여주는가에 초점을 맞춘다. 무엇보다 수전 손택이 문제 삼는 것은 인간이 타인의 고통에 고개를 놀린다면 '우리'라는 말을 당연하게 할 수 없다는 데 있다. 전쟁은 '우리'라는 말을 사용할 수 없게 만드는 폭력의 폭력이다. 지금 이 순간에도 세계는 폭력 앞에서 무참히 무너지는 실존의 모습을 이미지로 접하고 있다.

전쟁의 참상과 황폐화 이미지를 거론할 때 먼저 버지니아 울프의 《3기니》를 예로 든다. 삶이 초토화되고 죽음이 널브러져 있는 사진들을 보고 고통스러워하지 않거나 몸서리치지 않거나 전쟁을 없애려고 하지 않는다면 도덕적 괴물과 같은 반응을 보일 거라는 울프의 언술을 인용한 것이다. 1938년 6월에 출간된 울프의 《3기니》는 그 목적이 자명했다. 제1차 세계대전의 참상을 겪었음에도 일명 사회 지도층이라는 사람들이 제2차 세계대전을 염두에 두고 있었기 때문이다. 남자들이 전쟁을 일으킨다는 울프의 언급은 다소 페미니즘적 경향을 띠고 있으나 그것은 차치하고라도 그녀가 반전의 메시지를 담고 출간한 다음 해인 1939년에 제2차 세계대전이 발발했다는 것은 시사하는 바가 크다. 제1차 세계대전의 상흔이 채 걷히지도 않은 상태에서 또다시 세계를 전쟁의 소용돌이에 몰아넣었기 때문이다. 이때 시몬느 베이유 역시 전쟁 폭력은 정당화될 수 없고 무력은 언제 어떤 상황에서도 잘못된 것이라는 에세이를 발표함으로써 울프의 목소리에 가세한다.

손택의 메시지는 폭력을 나타내는 다양한 이미지 중에서 사진이 가장 자극적인 것은 프레임에 고정된 기억으로서 단 하나의 이미지를 지니기 때문이라고 한다. 손택은 폭력의 고통과 이미지의 상관관계에서 기나긴 족보를 지닌 도상학에 대해 언급한다. 도상학에서 재현되어야 할 가치가 있다고 본 것은 자연적 고통(출산, 질병)이 아닌 신이나 인간의 분노가 낳은 고통이다. 예수의 수난과 기독교 순교자의 이미지로 교훈이나 본보기의 목적이 그것이다. 이뿐만 아니라 참수의 일화라든가 대량학살 및 이교도의 신화 등 잔혹함의 이미지는 공포와 동시에 쾌락을 준다는 것으로 두 가지 감각이 다르지만 같은 근원성을 지닌다는 것이다. 나아가 고통을 멈추게 해야만 할 일로 재현하는 행위도 이미지의 역사에서 특정한 주제이다. 자크 칼로의 〈전쟁의 비참함과 불운〉(1633), 고야의 〈전쟁의 참화〉(1820) 판화를 통해 사진의 재현과 판화의 제작이 다르다는 차이점에 일반적으로 고착되어 있음을 지적한다. 손택에 따르면 판화처럼 사진 이미지도 누군가 골라낸 이미지일 뿐 당시에 일어난 어떤 일을 투명하게 보여줄 수 없다. 여기서 주목할 것은 사진이 구도를 잡는다는 것은 곧 대상을 배제한다는 점이다. 사진가는 주체가 되어 자신이 대상을 배제함으로써 사진 밖의 또 다른 대상을 은폐하고 배제하는 것이다. 흔히 사진은 객관적이라는 인정을 받는데 사진은 폭력의 피해자들을 한낱 사물로 치환해버린다는 것과 조작에 의한 객관성 침해의 문제가 있음을 간과할 수 없다. 이는 객관성이 무너지는 지점으로 사진의 한계. 디지털 사진과 포토샵이 등장하기 이전부터 사진에 손상을 가하는 예도 있었다. 사진이 객관적 현실을 재현한다는 관념에 균열을 가한 것인데, 그러한 한계에도 불구하고 사진의 재현성은 무시할 수 없는 사진의 한 특성이다.

사진 이미지는 도덕적 진정성을 우리의 의식에 새긴다는 데서 진실을 내포한다. 미군이 쏜 네이팜탄에 공격을 받은 뒤 고통에 찬 비명을 지르며 도로로 뛰쳐나오는 어린아이들의 사진은 그 자체로 폭력의 실상을 보여준다. 또 걸프 전쟁 당시 이라크 징집병 수천 명이 쿠웨이트를 빠져나와 도망치던 중 이라크의 바스라와 연결된 도로에서 네이팜탄, 방사능 무기(열화우라늄탄), 집속탄 같은 각종 폭발물의 융단 폭격을 받았다. 전쟁 막바지였던 당시 미국 정부 관료가 '칠면조 사격'(재미 삼아 하는 내기 사격)이라고 묘사한 그 폭격으로 살육된 것인데, 그 사진은 그 자체로 진실이라는 맥락에서 제시한다. 누군가 조작을 가한다고 하더라도 그 조작은 드러나게 된다. 따라서 손택은 이러한 이미지를 통해 인간이 타인의 고통에 대해 이토록 무감각할 수 있는지를 통렬하게 묻는다. 문제는 그녀와 같은 물음이 지속성을 지니기보다는 지워질 수 있다는 데 있다. 강대국들이 자신들의 권력에 저항하는 무수한 적들에게 원격으로 지휘하면서 대중들에게는 무엇을 보여주고 무엇을 보여주지 말아야 할지 이미지를 선택하기 때문이다. 폭력을 은폐하고 선한 이미지로 미화하는 것이다. 카메라의 전통적 기능으로서 대상을 미화하는 특성은 저자의 말대로 보여진 것에 대한 사람들의 도덕적 반응을 하얗게 표백한다. 그나마 도덕적으로 깨어 있는 사진작가들과 사진의 이데올로그들은 전쟁 사진을 통해서 감정(동정심, 연민, 분개 등)을 착취한다든가 기계적으로 감정을 자극하는 것을 논쟁하고 비판한다. 이미지는 감정을 조작할 수도 있고 고통받는 이미지에서 오는 연민은 그저 방관자적 태도를 유발할 수 있는 맹점을 부각한다. 어떤 이미지가 반복적으로 노출되다 보면 그 이미지는 결국 현실과 유리되기도 한다. 연민의 감정을 불러일으켰던 최초의 충격적 이미지는 반복 노출될수록 무감각해질 수 있는데, 텔레비전이 그리하다. 그리하여 더 충격적이고 더 자극적인 이미지가 생산되는 것이다. 인간의 비도덕성 비인간성을 넘어 인종주의의 악마성을 보여주는 이미지는 로렌스 바이틀러의 〈린치당한 토머스 쉽과 에이브럼 스미스〉라는 사진이다. 이는 올리비에 몽젱이 시네마 에세이 《이미지의 폭력》에서 언급한 "선의의 카타르시스"와 "폭력의 자연스러움"이라는 무감각성과도 상통한다. 따라서 이미지에 나타난 타인의 고통을 축자적으로 무감각하게 이해하기보다 그 고통의 원인에 대해 끊임없이 질문하라는 손택의 주문이다.

  문명이 발전하면 할수록 폭력의 양상이 약화될 것이라는 희망을 이미지의 심연에서 건져올 릴 수 있을까. 초고도로 문명화된 현대는 더 잔혹해지고 윤리적 감수성은 퇴화하는 것 같다. 사진 이미지를 통해 인간은 자기 외의 타인의 고통에 개입할 능력을 잃어가고 있는 것은 아닌지 묻는 손택의 물음이 이미지들 너머로 무겁게 가라앉고 있다.

지혜의 길로 이끄는 안내자
— 《형이상학》 리차드 테일러(엄정식 옮김)

　인간은 지식을 탐구하는 존재이다. 지식의 단계를 건너뛰고 지혜로 갈 수는 없듯 지식은 지혜로 가는 징검다리와 같다. 지혜로운 사람은 자신의 욕구 충족을 위한 대용물이나 하찮은 유혹 또는 탐욕과 경쟁의 산물에 휘둘리지 않으며 무비판적 행위를 거부한다. 형이상학이 사물의 본질이나 존재의 근본 원리를 연구하는 것도 인간을 지혜로 이끌기 위해서다. 자연과학적 사고도 변증법적 사고도 아닌 무형학이라 할 수 있다. 리차드 테일러에 의하면 형이상학적으로 생각한다는 것은 존재를 바라보는 시각이 임의성이나 독단성에 빠지지 않고 존재의 가장 기본적인 문제들에 대해 고찰하는 것이다. 그 역시 형이상학을 통해 나아간 사유의 종국은 지식이 아니라 지혜라고 말한다. 형이상학이 필요한 것은 형이상학 자체에서 유래한 지혜를 약속해주기 때문이다. 물론 지혜의 노정은 험난하다. 인간에게는 근본적으로 해결하지 못하는 무수한 질문들이 있고, 회의懷疑들이 있기 때문이다.

따라서 저자는 먼저 형이상학의 필요성을 언급한다. 형이상학이 없이는 완전히 이성적인 인간으로 살아갈 수 없다는 인식을 바탕으로 무엇보다 현대는 가만히 앉아 있을 수 있는 사람이 아주 드물고 앉아서 조용히 생각할 수 있는 사람은 더욱 드물다는 인식을 드러낸다. 이때 형이상학은 인간이 생각하지 않아서 어리석음의 길로 빠지지 않게 도와주는 조력자와 같다. 그 길의 안내자와 같은 이 책은 값싼 형이상학의 구실을 하는 것들의 위험성을 지적한다. 형이상학의 가면을 쓴 종교와 이념의 모래성에 소중한 삶을 허비하지 말라며 따끔한 일침을 놓는다. 그러면서 인간은 무엇이고 이 세계는 무엇이며 왜 그런 식으로 있는지 등 정답 없는 질문들이 무수히 일어났고 일어나고 있음을 강조한다. 이 질문에 대한 잘못되고 꾸며진 해답들이, 또 형이상학적 대용물이 넘쳐날 것이지만, 그래도 가치 있는 것은 형이상학뿐이라고 강변한다. 형이상학은 그 자체로부터 유래한 지혜를 약속해주기 때문이다. 이 같은 저자의 말이 응고된 일상에 균열을 가한다.

테일러가 말하는 형이상학의 행로가 쉽지 않고 확실한 보배가 기다리고 있는 것도 아니라는 견지에서 문학을 떠올릴 수 있다. 문학도 형이상학도 지난한 과정의 연속이며 최종 목적이 늘 유예되는 점이 닮았다는 맥락에서다. 어떤 해답이 없는 상태에서 형이상학의 필요가 지속되는 것처럼 문학의 필요 또한 지속성을 지닌다 하겠다. 또 문학과 형이상학이 닮은 점은 일상의 빵의 문제가 아닌 정신세계로 이끄는 길이라는 점이다. 문학이 미학적 세계로 길을 낸다면 형이상학은 지혜의 길로 연결된다. 물론 근본적으로 문학이 상상의 세계로 확장해나가는 것에 반해 형이상학은 논변으로서 사유의 확장이라는 데 큰 차이가 있다.

다시 테일러의 《형이상학》으로 시선을 옮긴다. 그가 제시한 여러 형이상학적 과제 또는 논제들이 주목받는 것은 독자의 사고를 고정하기보다는 입체적인 방향으로 이끈다는 점이다. 예시들이 우리의 주변에서 일어나는 일들이라는 점과 테일러의 부드러운 문체는 형이상학이라는 다소 난해한 주제를 그나마 쉽게 접근할 수 있도록 한다. 예컨대 신에 대한 이해와 인과관계의 문제 또는 유물론과 이원론, 상호작용론 등을 통한 인격과 육체의 관계라든가 결정론과 숙명론의 친근성, 그리고 시간과 공간, 양극성 등에 대한 형이상학적 주제들을 테일러는 친근한 어법을 사용해 철학적 사유의 본질에 한 발짝씩 다가가도록 한다. 결정론과 숙명론의 이해를 위해 '오스모(Osmo)의 이야기'를 통해 숙명론의 근거가 전적으로 진리와 지식에만 관계하고 있다는 논리를 끌어낸다. 또 사려 깊은 존재는 시간의 경과가 불가피함과 존재하고자 하는 내재적 의지를 아는 것은 물론 그 의지의 한계도 알고 있다며 시간과 인간의 관계를 추출한다. 우주는 변함없는 시간과 공간 속에서 펼쳐지고 만물은 그 안에서 타자에 대한 공간적 관계로 규정되기도 하고 타자에 대한 시간 관계로 규정되는 시간을 갖는 것이다. 이때 시간의 경과는 형이상학적으로 풀리지 않는 신비로 남는다는 저자의 결론은 여전히 유효하다. 시간의 사유와 관련하여 인과성의 형이상학에 대한 분석 역시 중요하게 작용한다. 형이상학적 논제들을 파악하고 나면 존재의 이해력은 고취될 것이기 때문이다.

   그 밖에 테일러가 논의한 것들은 독자를 형이상학으로 '이끄는' 의미 있는 주제들이다. 그는 위대한 사상가의 이름이나 그들의 의견을 요약한 것에 사유가 기울어지는 것을 바라지 않는다. 철학의 입문서와 같은 이 책은 결국 형이상학이 왜 필요하고 그것이 어떻게 이루어져 있는가를 이해하도록 하면서 독자를 지혜의 길로 이끈다.

3부

묵시적 주체의 미학

앙가주망의 인간학, 낙관적 독트린
- 《실존주의는 휴머니즘이다》 장 폴 사르트르 (박정태 옮김)

 실존주의가 인간적이지 못하다는 비난에 대한 변호이자 답변서 격인 이 책은 1945년 10월 29일 파리에서 사르트르가 행한 강연을 정리 수록한 것으로 실존주의의 강연록이라 할 수 있다. 19세기의 합리주의적 관념론이나 실증주의에 반대하는 실존주의는 개인의 주체적 존엄성을 강조하는 철학이다. 실존주의 철학을 과학적 인간학과 구별해 "철학적 인간학"이라고 한 박이문에 따르면 인간 본질의 발견으로서 '인간'이라는 개념을 해명하는 철학이다.
 양차 세계대전 후(특히 제2차 세계대전 후) 유럽은 폐허를 복구하기 위해 희망의 불씨를 잡으려고 노력했다. 하지만 사르트르의 실존주의는 인산을 절망으로부터 구하기보다는 절망의 늪에 가둔다는 비판이 거셌다. 사람들은 전쟁이라는 대격변을 겪은 후 역사적 요구에 일치하는 인간상과 현실적 위기 극복의 인간을 요구했으나 실존주의는 그와 역행한다고 비난한 것이다. 사르트르는 이에 대한 해명 목적으로 강연을 하게 된다. 이 책의 서두에 '강연의 상황'을 쓴 아를레트 엘카임(사르트르의 양녀)의 설명은 독자를 위한 배려이기도 하다. 특히 기독교인들과 공산주의자들이 사르트르의 실존주의를 비판했는데 그들의 비판은 철학적이기보다는 도덕적이거나 실리를 목적으로 했으며 《존재와 무》에 대한 깊이 있는 검토를 거친 비판이 아니었다고 아를레트 엘카임은 말하고 있다. 일테면 당시 기독교인들은 사르트르의 무신론에 대한 비판과 함께 유물론자라고 비판하면서 인간 본성의 밝은 면을 등한시한다고 비난의 화살을 던졌고, 공산주의자(맑스주의자)들은 데카르트적 코기토 속에서 인간과의 연대의식이 결여되었다며 '주체주의'라는 딱지를 붙였다는 것이다. 따라서 사르트르는 안티 휴머니스트라는 낙인을 제거하고 나아가 자신의 철학적 정합성과 정교한 개요를 대중에게 제시할 필요가 있었다.

　이 책이 나온 시기는 본질이 실존에 앞서는 시대(기독교적 실존주의)에서 실존이 본질에 앞선다(무신론적 실존주의)는 명제를 주장하기 위한 과도기적 철학의 시기였다. 말하자면 인간 의지가 오성悟性을 뒤따른다거나 의지가 오성을 동반한다는 데카르트와 라이프니츠의 17세기를 지나 18세기에 이르러서는 철학자들의 무신론 속에서 신의 개념이 제거되기도 했다. 그러나 18세기에도 여전히 본질이 실존을 앞선다는 개념은 디드로, 볼테르, 칸트에서도 나타나고 있었기에 사르트르는 자신의 무신론적 실존주의가 가진 핵심을 강조한다. "신이 없다면 모든 것이 허용된다."라고 말한 도스토옙스키를 인용하면서 이 문장이 실존주의의 출발점이라고 강변한다. 또 사르트르는 하이데거의 인간 실재를 언급하며 신이 없다면 인간 본성은 없는 것이며 인간은 인간 스스로 자신을 구상하는 존재라고 주창한다. 이는 실존주의의 제1원칙으로 실존이 본질에 앞선다는 유명한 명제의 근본이다. 즉, 인간은 먼저 세계 속에 실존하는 것이며 정의되는 것은 그 이후의 일이다. 장미꽃과 블루베리와 달리 인간은 미래를 향해 스스로 던져진 존재요 미래 속에 스스로를 기투하는 의식적인 존재이다. 그에 따르면 기투 이전의 인간은 아무것도 없는 존재일 뿐이라서 의식적 결심이 없이는 다음에 일어나는 일이란 없다. 그런데 이 같은 자유의지의 실현 뒤에는 반드시 책임이 뒤따른다. 세계 속에 던져진 인간은 자신이 하는 모든 것에 책임이 있다. 이러한 책임의식은 인류 전체에 앙가제(참여)하기 때문이며 이럴 때 인간은 스스로 선택함으로써 자신의 존재를 창조해 나간다. 그러나 여기에는 불안, 홀로 남겨짐, 절망이 뒤따른다. 특히 불안의 기제는 결코 인간을 행동으로부터 분리하는 장막이 아니다. 인간은 응고된 본질에 구속되는 존재가 아니라 자유롭도록 선고받은 존재이기 때문이다. 이렇게 사르트르는 자유와 책임, 그리고 불안의 실존적 존재임을 강조한다. 사르트르는 실존주의를 인간의 삶을 가능케 하고 모든 진리와 행위는 물론 인간적인 수체성을 함축하면서 이를 선언하는 낙관적 독트린이라고 말한다. 인간의 운명이 인간 자신에게 있다는 점에서 그러하다. 오로지 인간 자신의 행동 속에 희망이 있다는 것으로 앙가주망의 도덕을 언급하며 안티 휴머니스트라는 비판에 반박한 셈이다.

실존주의가 인간을 개별적 주체성 속에 가둔다는 비난에 대해서는 데카르트적 주체성과 실존주의적 주체성으로 구별해 설명한다. 데카르트적 주체성이 코기토cogito 속에서 자기 자신만을 발견한다면 이와 달리 실존주의적 주체성은 자기 존재만이 아니라 타인들 또한 발견한다는 것이다. 타인의 실존을 발견한 주체는 모든 타인을 자기 실존 조건으로 이해한다. 이를 사르트르는 상호주체성이라고 명명한다. 즉, 내가 원하는 자유가 타인들의 자유에 전적으로 의존하고 타인들의 자유 역시 나라는 개인의 자유에 의존한다는 것이다. 사르트르에게 인간 본성은 인간 조건으로 대체된다. 역사적 상황 조건은 변화하지만, 인간이 세계 속에 존재하고 타인들 가운데서 일하고 살다가 죽는 상황은 필연적이며 그것은 인간의 한계 조건이다. 이러한 한계를 넘어서고, 물리치고, 적응하기 위한 시도들로서 개별적인 동시에 보편적인 기투가 작동한다.

결과적으로 인간은 스스로 만들어가는 존재이지 이미 다 만들어진 존재가 아니라는 것이 실존주의의 핵심이다. 인간은 언제나 만들어가는 과정적 가능성의 존재이기에 한 인간이 한 인간을 판단할 수 없다. 이러한 가능성의 존재는 자기 자신 밖으로 스스로를 기투하는 인간 실존인 동시에 초월적 목표를 추구하는 실존이다. 여기서 초월성은 신적 초월성이 아니라 무언가를 넘어선다는 의미의 초월성임을 이해해야 한다. 말하자면 신의 실존 여부를 논증하는 게 실존주의가 아니라는 의미이다. 따라서 사르트르는 자유로운 앙가주망에 비추어 인간을 정의하고 실존주의가 낙관적 행동의 독트린으로서 휴머니즘이라고 강변한다. 이로써 '실존주의는 휴머니즘인가?'라는 강연록의 문을 닫는다. 얇지만 철학적 담론의 무게가 가볍지 않은 이 책이 《존재와 무》라는 바다에 닿기 위해서는 반드시 건너야 할 강과 같은 책으로 평가받는 이유다.

차이의 존재론
- 《차이와 반복》 질 들뢰즈(김상환 옮김)

"존재는 차이를 통해서 언명된다는 의미에서 차이 자체이다." 이 명제는 들뢰즈의 차이철학을 대변한다. 고전철학에서도 근대철학에서도 차이의 문제를 거론하지 않은 것은 아니다. 하이데거는 《존재와 시간》에서 시공간적 차이를 언급했다. 때문에 들뢰즈는 자신의 차이철학을 기존의 차이 철학과 구별하기 위해 '차이 자체'라고 말한다. 차이와 반복의 철학을 설명할 때 플라톤주의를 비롯하여 칸트와 헤겔 등의 개념적 철학을 비판하는 반면 니체, 베르그송, 흄의 철학을 따른다. 과학, 종교, 철학, 문학 등 다방면의 사유들이 중첩되고 연동되는 가운데 그의 차이 철학이 지닌 개성적 사유를 신조어로 함축하면서 개진한다.

여기서 차이 안에 강도를 경험하는 것은 무엇보다 중요하다. 들뢰즈는 강도를 인식론적으로 해석함으로써 자신의 철학을 견고하게 다진다. 말하자면 모든 개별성 안에는 힘이 들어가 있기 때문에 차이는 강도가 있어야 함을 미적분의 이론을 대입해 설명한다. 들뢰즈는 무엇보다 헤겔의 동일성 철학에 대해 비판적 견해를 피력한다. 물론 헤겔도 차이를 강조했으나 종차적 개념에 의한 차이로써 동일성을 나타내기 위한 차이였다는 것이다. 동일성은 필연적으로 차별과 배제의 원리를 지닌다는 데서 동일성을 인간의 정체성으로 인식한 헤겔의 닮음의 사유를 문제로 인식하고 자신의 차이 자체의 철학을 강조한다.

　이처럼 동일성에 종속되지 않는 들뢰즈의 차이 자체는 여러 층위에서 논의되는데 이는 고전 철학에서의 개념적 차이, 유사성 등과 대립된다. 말하자면 종적種的 유사성은 유적類的 의미로서 자기동일성을 전제하고 있기 때문에 유사성이나 종적 차이는 궁극적 차이인 차이 자체가 아닌 유적 동일성에 종속시키기 위한 개념이라는 것이다. 즉, 개념적 차이는 존재계를 유와 종으로 질서화하고 유기체로 표상(재현)하는 부수적 도구이며, 단 하나의 중심만을 지닌 재현(개념) 앞에서는 차이 자체가 지닌 긍정은 헤겔의 부정 또는 결핍의 차이로 변모되기 마련이지만 들뢰즈의 차이 자체는 어떤 개념의 형태로 환원될 수 없는 궁극적 자격을 갖는다. 요컨대 들뢰즈는 언어와 사물 자체의 차이를 분석함으로써 모든 사물은 각기 독자성이 있으며 결코 동일성으로 환원될 수 없다는 주장을 편다.

　들뢰즈는 대자적 반복의 문제 핵심을 언급한다. 반복하고 있는 대상 안에서는 아무것도 변하지 않는다. 하지만 반복을 응시하고 있는 정신 안에서는 무엇인가 변하고 있다는 흄의 테제를 인용하면서 반복되고 있는 요소나 경우 안에서 변화가 일어나는지 묻는다. 만일 영원회귀와 미래가 어떤 본질적인 관계에 놓여 있다면 이는 미래를 통해 다양한 것, 차이 나는 것, 우연한 것이 대자적 관계 안에서 '매순간' 전개되고 주름을 펼쳐가기 때문이라는 것이다. 영원회귀 안에서 카오스-유랑은 재현의 일관성에 대립하고 이 같은 유랑은 재현 대상의 일관성뿐 아니라 재현 주체의 일관성을 배제한다. 이때 반복repetition은 재현representation에 대립한다. 접두사(re)의 의미가 바뀜으로 인해 반복은 재현의 동일성에 대립한다는 논리이다.

이 책은 반복과 차이를 언급한 서론에 이어, '차이 그 자체', '대자적 반복', '사유의 이미지', '차이의 이념적 종합', '감성적인 것의 비대칭적 종합'이라는 본론과 차이와 반복이라는 결론의 형태를 띠고 있다. 차이와 반복 혹은 반복과 차이라는 원환적 이미지에서 니체의 영원회귀의 징후가 엿보인다.

차이는 반복을 만들고 차이들은 반복되면서 사슬과 같이 연결되어 있다는 들뢰즈의 실존론은 이전의 실존론과 다른 어떤 깊이를 내장한다. 이러한 차이와 반복은 사슬처럼 꼬임의 형태를 띠며 이들은 각기 따로 존재하는 것이 아니라 서로에게 영향을 미치는 관계라는 인식이다. 가장 정확하고 가장 엄밀한 반복은 극대치의 차이를 상관항으로 한다는 들뢰즈의 언술은 깊고 묵직한 울림으로 의식의 세포에 침윤한다.

결론적으로 존재자가 어떤 존재자를 통해 언명된다면, 존재를 언명하는 그 존재자는 차이를 만들게 되므로 존재를 언명하는 것은 차이 자체라고 언술한다. 모든 존재자들은 평등하고 다시 돌아오는데 이는 차이의 극단에 도달했을 때 가능하다는 것이다. 천 갈래로 길이 나 있는 모든 다양체들에 대해 단 하나의 똑같은 목소리가 있지만 이를 위해 먼저 각각의 존재자들은 각각의 길에서 자신의 변동하는 정점 위를 맴돌면서 자신을 전치, 위장, 복귀시키는 바로 그 차이에 도달했어야 한다는 것으로 긴 사유의 노정을 맺는다. 포스트모던으로 향한 존재 본연의 차이를 언급한 들뢰즈의 언술을 독해하는 시간은 아직도 길었다.

시지각 예술, 사진 읽기
– 《발터 벤야민, 사진에 대하여》 발터 벤야민(에스터 레슬리 엮음·김정아 옮김)

　벤야민의 사진론과 서평 등 사진 관련 텍스트를 연구한 에스터 레슬리는 디지털 시대를 맞아 시지각 예술로서의 사진이 지닌 의미를 재해석하고 이 같은 사진을 어떻게 읽어야 할 것인지 벤야민의 텍스트를 통해 제시한다. 예술은 보이지 않는 것을 보이게 하는 것이라면 수용자는 그 보이지 않는 것, 주제 혹은 의미를 볼 수 있어야 한다는 차원에서 레슬리의 해석은 벤야민의 사진론에 투영된 미디어의 이면 읽기의 방법을 이해할 수 있는 지렛대라 할 수 있다.
　사진의 혁명적 사용가치는 표층의 광택을 뚫고 심층으로 파고드는 것이라는 벤야민에 따르면 사진은 사진 그 자체로 보는 것이 아니라 시각을 투과해 지각의 한 작용으로 읽어야 하는 대상이다. 일테면 벤야민은 브레히트의 〈서푼짜리 소송〉의 한 대목을 인용해 복제 매체들에 대해 비판한다. 그러니까 보들레르와 초현실주의자였던 앙드레 브르통이 사진의 재현적 기능을 비판한 것도 사진이 지닌 일차적 인식을 비판한 것이라 할 수 있다. 진보를 위한 비판이며 무엇보다 예술의 당위로서 창의를 위한 피력이다. 러시아 혁명 이후 존 하트필드는 〈사슬에 묶인 이탈리아〉라는 포토몽타주 작품에서 파시즘의 얼굴(무솔리니의 얼굴) 심층을 표층화 하는데, 사진 그 자체는 무의미하고 메시지가 없으나 피부가 떨어져 나가고 곳곳에 해골이 보이는 무솔리니의 포토몽타주를 통해 파시즘의 얼굴을 해골로 은유함으로써 은폐된 진실을 드러내 보여준다. 요컨대 사진을 사유의 매개 혹은 인식의 도구로 활용한 것이다. 이러한 사진은 화가처럼 대상을 주관적으로 미화하거나 대상을 왜곡할 위험이 없다는 뜻에서 객관적이라는 평을 하곤 하는데, 이때 레슬리는 렌즈를 뜻하는 라틴어 'objectus'가 렌즈의 속성에 불과한 객관(objectivity)이 역사적 진실이라든가 특정 시공간의 진실을 보장한다는 뜻으로 사용되고 있음을 지적한다. 말하자면 카메라는 보여주고 싶은 부분만 보여줄 수도 있으므로 그렇지 않은 부분들은 은폐될 수 있기에 객관을 미끼로 역사의 왜곡이 일어날 수 있다는 비판이다. 이는 벤야민이 주장한 사회의 실상 혹은 진실을 전달하는 능력의 결여로 인해 사진의 한계 또는 오용을 언급한 것과 연결된다. 수전 손택 역시 《타인의 고통》에서 이 같은 사진의 한계를 언급하면서 사진이 일종의 연금술로 현실을 투명하게 보여주는 것에 대해서도 말한다. 이렇듯 사진의 시지각 이미지가 사용되는 방식을 통해 사진의 이면 읽기를 성찰한 손택의 시각은 벤야민의 사진 읽기와 겹쳐지는 부분이 있다.

특히 주목할 것은 〈사진의 작은 역사〉에서 벤야민이 카메라에 찍히는 대상은 눈에 보이는, 의식의 공간만이 아니라 무의식 공간이 찍힌다고 언급한 부분이다. 말하자면 사진이 기억하고 싶은 순간을 이미지로 저장함으로써 시공간의 경계를 무화시키는 것은 물론 무의식의 심층과도 관계한다는 것이다. 이러한 지점에서 벤야민의 사진에 대한 인식은 현대성을 아우르고 있다. 인습적 예술에 기생하는 예술가 그룹을 비판한 벤야민의 사진 읽기는 예술의 유동을 전제한 사유일 것인바, 시지각 예술인 사진의 미래적 통찰이라 할 수 있다. 사진은 찍힌 순간부터 과거가 된다는 점에서 변증법적이지만 과거를 돌아보며 미래를 발견할 수 있다는 그의 감식안은 세계의 이면 읽기의 한 패러다임을 구축한 것이라 하겠다.

묵시적 주체의 미학
― 《공포의 권력》 줄리아 크리스테바(서민원 옮김)

　바르트와 라캉의 제자로 철학가이자 정신분석가인 크리스테바는 불가리아 태생으로 프랑스에서 학문의 영역을 확고히 했다. 그녀는 상상계와 상징계의 비견을 통해 인간의 내면에 드리운 공포, 두려움, 불안 등의 기제를 정신분석적으로 연구한다. 미국 현대미술에서 독자적 영역을 구축해 온 키키 스미스의 신체 해체적 작품이 연상되는 이 책의 이론적 사유 도구는 아브젝트와 아브젝시옹이다. 아브젝트란 무시무시한 것, 섬찟한 것, 아버지의 질서에 저항하는 것으로 라캉적 상징계의 질서에 실금을 내는 것이다. 아브젝트하는 아브젝시옹에는 자신을 위협하는 것에 대항하는 존재의 격렬하면서도 희미한 저항이 있다. 이러한 아브젝트는 명명하고 상상할 수 있는 대상으로서의 오브제아가 아니다. 아브젝트는 "자발적인 존재가 되도록 도와주는" 주체의 관계항으로서 "욕망의 기계적인 탐색 속에서 도망치는 소문자 'a'도, 유희의 대상(ob-jeu)도 아니다." 그것은 무엇인지 알 수 없는 어떤 것이지만 그 불확실함이 어떤 무게를 지니고 다가와 존재를 짓누른다. 무와 환각, 그리고 현실의 가장자리에서 내가 현실을 인식하려 하면 전멸되는 아브젝트와 아브젝시옹은 존재의 축이자 문화의 도화선이다. 이러한 메시지가 이 책을 가로지른다. 그것은 내가 나 되어가는 과정에 겪는 불안이자 공포와 다르지 않다. 그러나 아브젝트는 사회가 가진 기존의 도덕, 아버지의 세계로서의 질서를 전복하는 것이 아니다. 예컨대 도덕관념이 부재하거나 법의 테두리를 벗어난 반항, 자유주의, 자살적인 범죄를 말하는 게 아니다. 그보다 아브젝시옹은 도덕을 초월하고자 하는 부정의 과정이다. 아브젝트는 모계적인 것 혹은 前오이디푸스적인 것들로 아버지의 질서에 저항하는 배제된 것을 상징한다. 원초적이고 충동적인 힘인 아브젝트한 것들이 존재를 위협하고 질서와 안정을 뒤흔들지만, 이것은 존재를 살리는 모태와 같은 것이다. 즉, 기호계(어머니적인 것)에서 상징계(아버지적인 것)로 침투해 들어오는 이것이 아브젝트이다. 상징계는 아브젝트가 나타나는 현상인 아브젝시옹을 억압하고 바깥으로 추방하려 한다. 하지만 아브젝시옹은 무의식적 욕망으로 거부할 수 없는 무엇이다. 이들이야말로 사회질서의 토대를 형성하는 힘이라는 게 저자의 주장이다. 이러한 아브젝트는 명명하고 분석할 수 있는 대상으로 설정할 수 있기 이전의 특정한 힘이기 때문이다.

아버지적 질서가 자리한 상징계에서 이드(무의식적 욕망, 아브젝트한 것)는 배제되고 버려진다. 하지만 이 버려진 것들에 의해 이 세계(상징계)는 유지되고 있다는 것을 강조한다. 말하자면 크리스테바는 배제되고 탕진되는 '이지튀르'와 같은 것들의 토대에 의해 세계는 더 나은 세계로 통로를 개방한다고 본다. 상징계를 통해서 드러나는 규칙과 규정의 세계는 질서정연하고 그 이외의 것들은 배제하기 위해 끊임없이 권위와 권력을 사용한다. 이러한 세계를 벗어나려는 것이 곧 아브젝트이고 이를 실현한 근대의 문학가들이다.

크리스테바는 도스토옙스키의 〈악령〉과 마르셀 프루스트에서는 욕망의 원동력, 그리고 제임스 조이스의 물질화된 여성의 육체, 앙토냉 아르토의 전락하는 주체에서 아브젝트한 존재들을 찾아 분석한다. 프루스트의 언어는 배제된 의미의 바깥이고 아브젝트한 것으로서 시원적이고 불가능한 비장소, 타자인 어머니이다. 그리고 조이스에게 아브젝트는 주제를 초월한, 이야기를 끌어가는 방법 자체에 있고 그것은 언어적인 의사소통이며 이 말투를 통해 아브젝트가 드러나지만, 이 말투만이 동시에 아브젝트를 정화시킬 수 있다고 본다. 한편 아르토에서는 시체가 점령해버린 '나'와 같은 소재로 등장하는 아브젝트인데 주체와 대상이 전락하는 지점에서 아브젝트는 죽음과 같아진다. 아르토의 글쓰기는 부활과 등가가 되고 작가는 그리스도와 동일시된다. 그러니까 그리스도처럼 버려진 아브젝트한 존재가 된다는 것으로 작가의 심리 구조에 따라 아브젝트의 유형은 여러 가지로 나타난다. 작가마다 다르게 나타나는 아브젝트는 곧 작가의 개성이 드러나는 요소이기도 하다. 말하자면 아버지의 세계로부터 벗어난 바깥의 세계에서 씌어진 아브젝트의 현현이다.

이처럼 아브젝시옹에 점령당한 자는 어디에 속한다기보다는 언제나 밀려나고 중심으로부터 분리되기에 방황하는 존재이다. 상징적 질서계에 있는 오랜 권한에 도전하는 주체와의 대면인 근대 문학을 분석함으로써 상징계에서 벗어난 바깥의 세계에서 씌어진 아브젝시옹의 현상학적인 면을 검토한 후 정신분석과 종교의 역사, 현대 문학에 나타난 아브젝시옹을 탐색한다.

나아가 성서에 나타난 혐오의 아브젝트와 셀린의 구어체적 문체와 운율에 드리운 아브젝시옹의 미학적 텍스트를 다각도로 연구함으로써 논지를 확고히 세운다. 아브젝트로서의 공포는 유동적이며 안개 같다. 그 축축함으로 환각이거나 환상적인 섬광처럼 단어의 의미를 희석시킨다. 前오이디푸스적인 어머니적인 것은 이처럼 아브젝트한 대상이다. 크리스테바는 그것이 이 세계를 이끌어가는 힘이라고 분석한다. 이렇듯 아브젝시옹의 현상학적인 면을 다각적으로 검토한 후 정신분석 이론과 종교들의 역사, 현대 문학이 경험하고 있는 아브젝시옹에 대해 탐색한다.

아브젝트가 이미 원초적인 억압의 경계선에 위치한 비대상을 위한 기호(언어)의 미끼라면, 그것의 한 면은 육체적인 증상에, 다른 한 면은 승화 과정과 나란히 한다고 말한다. 숭고함의 경계를 이루는 아브젝트와 숭고함은 그 존재 자체가 언어와 주체에 의존하고 있다. 숭고함 역시 아브젝트처럼 대상이 아니기 때문이다. 기호에 대한 전제로서 숭고함은 우리를 부풀리고 확장하고 상승하게 하며, 던져진 주체인 동시에 타자 존재가 될 수 있도록 하기 때문이다. 그것은 일탈이자 구획 불가능이고 완전한 결핍 혹은 즐거움(매혹)이다. 따라서 크리스테바는 아브젝트가 원초적 억압의 대상이라면 왜 원초적 억압이 나타나는지를 묻는다. 그것은 상징계에서 만족할 수 없는 어머니의 고뇌 때문이 아니겠냐고 반문한다.

태곳적부터 아브젝시옹 행위를 통해 동물이나 동물성을 위협해왔으며 동시에 문화의 중요한 영역을 보호하기 위해 세상과 동물, 혹은 동물성의 영역을 갈라놓았는데 개인사적 원형 속에서도 이는 나타난다. 말하자면 아브젝시옹은 언어의 자의성 때문에 외부의 존재 이전에 존재하는 어머니라는 총체로부터 우리를 벗어나도록 하는 가장 오래된 시도들과 대면하도록 한다. 아브젝트한 것들이 지닌 힘으로서 모성적인 것은 프로이트가 언급한 오이디푸스 이전에 있었던 것이며, 라캉이 말한 상징계를 지탱하는 힘으로 작용한다. 그렇다고 어머니적인 것만이 우세하다고 하지 않는다. 또 성서의 텍스트가 펼치는 분리 계획의 의미론적 가치 중 하나인 어머니를 터부시하는 것은 기본적인 의미소로서 신화소로 확대되는데, 이는 정신분석이나 구조인류학적 담론이 내세운 근친상간의 요소 때문이 아니라 '성서'의 글쓰기는 어머니와의 시원적인 관계라는 신화소를 내번 확대 제시하는 것으로 회귀하기 때문이다. 아브젝시옹의 주관적인 내면화에 대한 개념은 《신약성서》에 구체화되어 있는데 음식물, 피, 도덕에 관련하여 선택된 자의 내부로부터 축출을 의미한다.

성서를 연구하는 방식이 기존의 성스러운 것들에 대한 연구가 아닌 부정한 것들, 아브젝시옹인 오염물, 육체적이고 물질적인 것들에 대한 것이다. 크리스테바는 자신의 주체론을 뒷받침하기 위해 서구의 의식 체계를 가로지르는 성서를 언급하며 그 안에 내재된 아브젝트한 것들을 연구하고 아브젝시옹의 시론을 확립한 것이다.

국가 권력이 질서를 위하여 아브젝시옹의 존재를 바깥으로 추방했지만, 그 존재 없이 국가는 유지될 수 없다는 점에서 아브젝시옹은 아감벤의 호모 사케르와 같은 존재라 할 수 있다. 또한 아브젝시옹은 무엇인지 알 수 없는 어떤 것이지만 그 알 수 없음이 주체를 포섭한다. 이는 하이데거가 불안을 언급할 때 대상이 없다고 한 것과도 상통한다. 말하자면 권위와 권력을 위해 혹은 상징계의 질서를 위해 아브젝시옹의 존재를 배척하려 했지만 그들은 질서 유지의 근원적 힘이자 토대라는 게 크리스테바의 입장이다. 그러니까 아브젝트는 상징계의 질서를 전복하기보다 그 세계의 진부함에 실금을 내면서 역동성을 부여하는 힘이라 하겠다.

결과적으로 크리스테바는 추방당한 무의식적인 힘에 의해 세계는 작동한다고 보았으며, 그 보이지 않는 힘이 역사와 사회를 변혁시킬 수 있음을 강조한다. 국가 권력 안에서 아브젝트를 느끼지 못하고 살아가는 존재에게 던지는 암시이자 묵시적 계명으로써 종교적 정치적 도덕적 언어적 권력의 베일을 벗기는 일과 같은 가능성의 시작이다. 아브젝시옹의 시론으로서 묵시적 주체의 미학으로 명명할 수 있는 이 책은 세계를 평면적으로 이해하기보다 입체적으로 사유하길 요구한다.

예술의 본질과 삶의 의미
- 《키치, 우리들의 행복한 세계》 조중걸

　예술이 없다면 삶은 무색, 무미, 무취, 무의미할 것이고 반대로 삶이 없다면 예술의 가치도 생성할 수 없을 것이다. 예술사 전반을 간략하게 살피면서 키치의 생성 배경과 키치가 지닌 문제를 제기하고 있는 이 책 역시 예술과 삶의 상관관계를 키치적 관점에서 상세히 들여다봄으로써 문제의 해답을 찾는다. 키치를 알고 그것을 극복하는 방법을 제시하는 것이 그것이다.
　1·2차 세계대전 이후 파급된 실존주의를 배경으로 태어난 키치는 고상함을 가장한 비천한 예술, 허구적 환각 또는 사이비 예술 등을 의미한다. 프랑스어 프티부르주아(petit-bourgeois)를 번역하면 소시민 혹은 소부르주아가 된다. 본래 자본가인 부르주아와 노동자인 프롤레타

리아 사이에 있는 중산 계급(소상인, 수공업자, 하급봉급생활자, 하급공무원 등)을 가리켰으나 그 의미는 조금씩 변모되어왔다. 신본주의 시대가 위축되고 인간의 삶과 존엄이 처참하게 묵살되는 전쟁을 겪으면서 인간 실존의 문제가 문학계는 물론 예술계의 담론으로 부각한다. 인간을 일하는 기계 혹은 한낱 기계의 부속품으로 전락시킨 산업화와 기계화에 따른 비판인 셈인데 다른 한편 산업화의 영향으로 부를 축적한 중산층들은 잉여 시간이 주는 삶의 공허를 채워줄 수 있는 도구로 키치를 선택한 것이다. 엄격함과 준엄함을 강조하는 고급예술에서보다 통속예술에 가까운 키치에서 대중은 행복을 추구하는데 여기에서 프티부르주아적인 키치가 생성된 것이다. 그러니까 프티부르주아는 부르주아처럼 부유하고 호화로운 삶을 살지는 못하지만 그렇다고 하루하루 생계를 걱정하는 서민과도 다르다.

따라서 이들은 중간자와 같은 위치에 있는데 예술에서도 마찬가지다. 정통예술도 아니고 통속예술도 아닌 중간에 낀 예술이 키치에 해당한다. 과거의 키치는 키치 그 자체로 모두가 키치라는 인식을 했다.

하지만 현대 예술은 키치를 숨긴 채 키치의 옷을 입고 고급예술이라 오독하게 만든다. 키치는 무의미한 삶에 거짓 의미를 부여해 '짐짓' 우리의 삶을 유의미하다고 여기게 만드는 태도에서 자라난다. 기만자들에 의해 이차적 정서와 미적 거리의 환상 사이에 키치는 존재하는 것이다. 어떤 대상에 대한 측은지심은 측은지심 그 자체의 의미를 생성하는 게 아니라 대상을 통한 자기만족의 허위의식으로 변질되는 것으로 키치의 '이차적 눈물'이다. 일테면 키치는 "잘 차려입은 하인배"이거나 "돈키호테가 아니라 산초 판사"인가 하면 괴테의 "영원히 죽지 않을 메피스토"와 같다. 따라서 저자는 작품으로서의 키치보다 작품을 대하는 감상자의 태도와 작품과 맺는 감상자의 심적 관계가 키치의 본질이라고 말한다.

예술이 예술이기 위해서는 창작자와 감상자의 연계가 필요한데 저자는 감상자의 소양에 무게를 둔 셈이다. 이차적 예술로서의 키치의 문제는 감상자 자신의 정서가 무엇인지 모르게 한다는 것이 더 큰 문제이며 그러한 속물들이 이 사회에 범람한다는 데 있다. 하지만 키치를 통속예술이라 할 수 없다. 왜냐하면 통속예술은 예술 감상에 필수적으로 따르는 '심리적 거리'를 가질 수 없는데, 키치는 이 거리를 요구하기 때문이다.

예컨대 모든 예술작품에는 표면적인 의미와 이면적 의미가 존재하게 되는데, 대중은 표면적 예술에 매몰되기 쉽다. 이면적 진실을 오도하거나 그것을 읽을 수 있는 심안이 없는 감상자는 키치의 세계에만 머물게 된다는 지적이다. 대중에게 기쁨을 주는 것은 부인할 수 없다. 그렇지만 거기에서 문제가 되는 것은 퇴행과 고착이라는 산물이다. 멘델스존의 시대에는 그 시대의 방식으로 예술이 이해되었다. 그 시대의 이해방식으로 현대에도 이해하려는 것은 퇴행이거나 고착이다. 그러므로 현대에 맞는 예술이해를 훈련해야 한다는 것이다. 예술에서만이 아니다. 키치는 인간과 사물, 인간과 인간관계까지 구속하고 존재의 뿌리를 뒤

흔들면서 인간 삶의 양식과 규준을 강요하고 있다. 특히 저자는 사용가치를 잉여가치로 전락시키는 광고의 문제를 언급하며 예술 없는 예술이 키치적이듯 상품 없는 상품이 키치가 된다고 본다. 상품으로서의 키치가 범람하는 곳은 백화점이며 이 장소는 소비자를 사치와 허영의 환상으로 기만한다. 키치를 허공에 걸린 스핑크스라고 한 보들레르에 따르면 키치에는 예술이 존재하지 않는다. 예술뿐 아니라 과학적 키치, 종교적 키치 등 자기만족을 위한 환상이 곳곳에서 창조되고 있다.

  저자가 주목하는 것은 키치는 키치로 넘어서야 한다는 것이다. 호랑이를 잡으려면 호랑이 굴에 들어가야 하듯 키치를 벗어나는 유일한 길은 그것이 키치임을 인식하는 것이다. 다다이즘과 기하학주의 그리고 인상주의 예술가들이 새로운 방식으로 예술의 본질을 이해할 수 있도록 문을 열었다. 다다이스트들은 예술의 인습성과 구태의연함, 그리고 거짓 가치에 함몰된 키치를 거부했다. 인상주의자들은 기존의 인습과 관습을 해체시키고 또한 기존의 상투성과 환상성을 걷어내고자 했다. 연극에서의 소격 효과 방법과 소설사에서 드러난 일말의 감상주의를 거세한 문학의 메타픽션이 그것이다. 브레히트가 언급한 소격효과는 연극에서 관객과 연기자의 거리이다. 배우의 연기에 감정이입되는 게 아니라 관객도 연극의 주인공으로 참여하는 것이다. 이는 정면성의 원리로서 예술이 닫힌 세계가 아니라 열린 세계라는 것을 보여준다. 말하자면 미완성의 세계를 표방하는 것이다. 또 메타픽션이란 자기 반사적 픽션으로 대상을 응시하는 주체에 의해 외계 사물은 변용을 겪는데, 여기서 응시 자체가 대상에서 객관성을 제거하고 새로움을 창출한다. 이 모든 것은 예술계 전반에서 일어나고 있는 포스트모더니즘 시대의 예술에서 나타나고 있는 변화라 할 것이다. 말하자면 예술이 예술의 본질을 찾아 그것을 삶의 의미에 접목하고자 하는 움직임이다. 어쨌거나 완결성이 없는 이 세계에서 완결성을 요구하는 키치를 넘어서기 위한 노력이 우리에게 의무로 다가온다. 키치가 사는 곳은 무거운 진실의 세계이다. 하지만 우리들의 일상은 조촐한 것, 소소한 일상의 기쁨에서 얻어지기도 한다. 키치가 사는 곳은 그러한 일상성의 시공간임을 인식하라고 강변한다.

고상함을 가장하는 비천한 예술이라고 정의되는 키치는 하나의 세계관이며 이념이고 표현양식이기도 하다. 그러므로 저자는 키치가 가진 고유 가치가 아니라 그것이 제공하는 기회에 눈을 돌리고 그것을 활용할 능력이 있다면 키치는 고마운 존재라며 부정적 측면만을 언급하지 않는다. 그런데 인간은 늘 새로운 키치를 만들기 때문에 이야말로 키치적 키치이고 이는 '시큼한 키치'라는 것이다. 시큼한 맛은 거부할 수 없는 유혹이 되어 재생산된다. 그러나 진정한 예술은 자연과 인간, 의미와 무의미, 영원과 덧없음 사이에서 불화하고 갈등하는 것을 거짓 없이 드러내고 해소하려고 애쓴다. 그러한 애씀의 흔적들이 작품에 녹아 있기 마련이고 그것은 기존으로부터의 발퇴를 유도한다. 즉, 예술은 이미 있는 것 속에서가 아닌 새로움을 생산하는 부단한 움직임 속에서 살아간다. 다양한 시선(뒤집어 보고, 깨뜨려보는 등의 행위)으로 새로움을 찾아내는 것인데, 기존의 것을 해체하거나 소거하거나 하는 모든 행위 이면에는 창의적 산물에 대한 희구를 전제한다. 고도의 집중과 훈련을 요구하는 진정한 예술은 엄격하고 초월적인 미를 드러내기에 감상자를 곤혹스럽게 한다면 전제군주에게 아첨하던 환관처럼 감상자의 마음에 스미거나 사탕발림으로 위장하고 아첨하는 게 키치다. 그 차이를 아는 눈은 누구에게 있는가를 저자는 끈질기게 묻는다.

    예술사의 한 산물로서 어느 시기에나 존재하게 된 키치를 진정한 예술이라고 오도하는 계층이 있게 마련이므로 저자는 키치를 넘어서고, 해체시킨 공간에서 진정한 예술을 발견하는 시선의 높이에 방점을 둔다. 진정한 예술은 키치와 대척하는 가운데 키치 그 자체가 되거나 아니면 키치 속으로 더 깊이 들어가 더 깊은 키치를 창조하는 것에서 가능하다는 논지이다. 말하자면 불가지의 세계, 불확정성의 세계에서 예술가 또는 감상자가 예술을 통해 유희할 수 있는 최상의 방법으로 키치, 넘어서기임을 피력한다.

무사유無思惟의 윤리성
− 《예루살렘의 아이히만》 한나 아렌트(김선욱 옮김)

　나치스의 유대인 학살에 대한 것은 다양한 매체를 통해 알려진 바 있기에 특별한 주제는 아니다. 여기서 핵심은 인간 본성과 행위 원칙에 관한 질문일 것이다. 알면서도 반성적 자아를 스스로 은폐하는 것인지 아니면 국가의 시스템에 의해 의식적 주체가 지워진 것인지 이 책은 묻고 있다. 전체주의 이념의 감옥에 갇혀 사유하기를 방기하였거나 사유하지 않은 인간의 행위가 어떠한 결과를 초래하는지를 아이히만을 통해 보여주는 것이다. 말하자면 전쟁 중이라 해도 해야 할 것과 하지 말아야 할 것이 있고 그 판단은 주체적 사유가 가능한 존재이 몫이다. 전쟁 범죄를 단죄하는 이유다. 국가 간, 개인 간의 죄를 역사는 심판하는 것이다.

나치 전범 재판 과정에서 아렌트가 발견한 것은 인간 심성의 기저에 흐르는 '악의 평범성'이다. 랑시에르는 《불화》에서 한나 아렌트의 '악의 평범성' 논변이 지적으로 불만족스럽게 여겨질 수 있다고 말한다. 그것은 아렌트가 '아이히만'이라는 특수한 희생자를 겨냥한 악의 과잉을 평범한 악으로 만들었다는 것이다. 하지만 랑시에르는 그 논변 자체가 뒤집힐 수 있다면서 우리가 지적 만족을 추구할 필요는 없으며, 문제는 학살을 설명하는 것이 아니라 유대인 학살의 사건과 사고의 관계를 위치시키는 여러 가지 방식들이라고 말한다. 예컨대 "사고 불가능한 것의 원 속에 들어오거나 들어오지 않는 것"을 지적한다.

여기서 '사고 불가능한 것'은 프랑수아 리오타르의 말대로 홀로코스트에 대한 성찰이 희생자의 특수성만이 아니라 그리스-로마 문명이 잊어버리려고 애를 쓰는 사고의 태생적 무능력으로서 유대 민족에 대한 오래된 말살 기획의 특수성을 사고해야 한다는 취지이기도 하다. 무엇보다 '악의 평범성' 문제는 선과 악의 문제로 윤리적이고 도덕적인 문제를 호명한다. 윤리는 죄의식에서부터 시작되는데 이는 인간의 사유와도 연결된다. 일테면 히틀러 정권 당시 아이히만의 내면에 죄의식이 투사될 수 없도록 말의 사용이라든가 암호화된 언어규칙을 사용함으로써 한 인간의 이성적 사유를 막은 나치즘이 존재한다. 그렇게 국가의 시스템이 사유하지 못하도록 한다고 하더라도 거기에는 허점과 한계가 있었을 것이다. 그래서 아렌트는 아이히만이 일반적이고 정상적인 사람이지만 사유할 능력이 없는 인간 유형이라고 규정한 것이다.

즉, 타자의 고통을 들여다볼 수 있는 마음과 이성적 사유 능력이 없다는 말이기도 하다. 맹자의 성선설이나 순자의 성악설의 차원을 떠나 인간의 사유의 능력과 자유의지의 문제와 관련이 있는 것이다.

아렌트는 아이히만이 재판정에서 "일종의 본디오 빌라도의 감정과 같은 것을 느꼈다"고 말한 것에 분개한다. 빌라도가 예수의 죄 없음을 알면서도 처형했듯 그도 그랬다는 것은 곧 모든 죄로부터 자유롭다는 말이기도 한데 이 발언은 자신의 행위에 대한 반성이 전혀 발동하지 않은 상태로 주체의 망실과도 같다. 1933년, 살아남기 위해 독일을 떠나야 했고 이어 홀로코스트를 피해 망명을 선택한 한나 아렌트였기에 아이히만의 무사유적이고 잉여적 태도에 더욱 분개했을지도 모른다. 어쨌거나 여기서 칸트의 계몽 개념을 호명할 수 있다. 기실 근대 이후 형성된 계몽 개념은 이성 중심주의로 간주되어 비판을 받았으나 칸트의 계몽 개념이 추구한 본래성은 인간을 무지에서 탈출시키고 더 성숙하고 현명한 판단과 실천으로 이끄는 일이라는 데서 아이히만의 무사유에 기인한 윤리성 부재 문제에도 닿아 있다. 칸트에 따르면 계몽이란 인간이 자신의 삶을 결정하는 능력이자 타인의 속박으로부터의 해방이며, 성숙해진 인간이 무엇을 할 것인지 결정하는 데 있어 그것이 선하든 악하든, 권위에, 이런저런 선생들에, 국가에, 자기 부모나 유모에, 전통에, 또는 도덕적 책임의 무게가 분명히 실려 있는 기존의 가치에 지나치게 기대지 않는 상태를 말한다.

칸트는 자신의 도덕철학에서 한 인간이 또 다른 인간의 지배를 받는 모든 형태에 반대한다. 그러나 아이히만은 한 인간으로서 주체적으로 존재하지 못하고 국가의 권위에 굴복함으로써 '악의 평범성'이라는 감옥에 스스로를 감금한 셈이다.

과거를 반추해 보면 아이히만과 같은 존재의 문제는 어느 한 시대 한 개인에게 국한되었던 것이 아니다. 어느 시대나 나타날 수 있는 '아이히만'은 특수 명사가 아닌 일반 명사가 될 수도 있다. 제1, 제2, 제3의 아이히만은 앞으로도 나타날 수 있다는 말이다. 이러한 의미에서 아렌트가 추출한 윤리적 전회로서 '악의 평범성'은 자신이 무슨 일을 하고 있는지 깨닫지 못하는 아이히만과 같은 어리석은 존재를 향한 질타라 하겠다.

저항과 굴종
- 《우리들의 일그러진 영웅》 이문열

 저항이 밖으로부터 가해지는 힘에 굴복하지 않고 버티는 내면의 힘이라면 굴종은 바깥의 압력에 의해 내적 의지를 굽히는 것이다. 누구나 저항과 굴종 사이에서 갈등할 수 있는데, 이때 선한 의지든 악한 의지든 선택은 자유이기에 타자에 의해 강요된 것이라고 발뺌할 수 없다. 저항과 굴종이 자아의 내면에서 다툴 때 어느 쪽을 선택할지는 찰나에 정해지기도 한다. 이상화된 영웅도 나약한 군중도 둘 사이에서 흔들릴 수 있고 부서질 수 있는 존재이다. 이 책의 등장인물들 역시 그러하다.
 주인공 한병태는 고위직 공무원인 아버지의 좌천으로 서울에서 읍의 작은 초등학교로 전학을 오게 된다. 전학생 한병태는 엄석대라는 반장에 의해 좌지우지되는 비민주적인 반 분위기에 부당함을 느끼고 엄석대의 첫 부름에 응하지 않음으로써 엄석대의 체제에 불복한다. 늘 그렇듯이 저항에는 고통이 따르기 마련이다. 하여 불합리한 방법으로 학급을 장악하고 있는 엄석대의 잘못을 지적하고 반의 권력 구조를 바꿔 보려던 한병태의 저항은 외로운 싸움의 형태를 띤다. 권력에 아부하던 아이들은 권력의 단맛을 이미 알고 있었기에 그로부터 이탈하기를 꺼렸다. 외롭게 저항하던 한병태는 교활하고 치밀한 독재자 격인 반장 엄석대에게 종국에는 복종하고 만다. 그러니까 고립무원의 상황을 견디지 못한 한병태의 저항은 굴종으로 변모한다. 이처럼 저항과 굴종은 동전의 양면으로 그 선택은 늘 주체의 몫으로 남는 것이다. 어쨌거나 반에서 저항의 상징으로 발돋움하려던 한병태는 엄석대라는 불의한 체제에 굴종하며 권력의 단맛에 익숙해져 간다. 부조리한 세계에 대한 저항을 포기한 병태의 굴복은 단순히 개인의 위기에 그치지 않을 것이라는 암시이기도 하다. 사회와 국가 시스템으로 확대될 가능성이 있기 때문이다. 그렇게 위험 인자를 내포한 채 5학년의 시간이 흐르고 이야기는 새로운 인물이 등장함으로써 절정에 다다른다.

새로 부임한 젊은 담임은 구체제를 타파하고 새로운 질서를 확립하고자 하는 인물로 쇄신의 아이콘과 같다. 엄석대 체제를 무너뜨리도록 이끈 6학년 담임인 그는 민주적인 방법으로 새로운 반장을 선출하도록 한다. 하지만 그 순간이 되자 병태는 난감해진다. 학업과 싸움 그리고 어느 분야에서든 남보다 나은 아이치고 엄석대가 받는 비난에서 자유롭게 벗어 날 수 있는 사람이 누군지 물을 수밖에 없기 때문이다. 비리의 거미줄은 또 다른 비리의 거미줄로 연결되는 엄석대의 체제에서 오히려 대리시험으로 엄석대를 돕거나 보이지 않는 손발이 되어준 양상이었기에 새로운 반장 역시 비리의 거미줄이고 이 같은 거미줄은 또 다른 거미줄로 연결된 것이다. 이 같은 비리의 네트워크는 아이들의 모습으로 끝나지 않고 그대로 어른들의 세계로 전이될 수 있다는 데서 더 문제적이다.

그렇지만 아이로니컬한 세계는 반복된다. 엄석대의 곁에서 굴종하던 아이들이 엄석대가 무너지는 것에 더욱 적극적으로 가세하는 모습은 사회의 부조리한 현상을 복사한 것 같아서 씁쓸하다. 자유의지를 실현하는 대자적 자아와 달리 어리석고 비겁한 다수는 즉자적 민중으로 권력의 단맛에 빌붙어 굴종하기 쉽다. 그들의 민낯을 통해 권력의 무상함을 적나라하게 보여준다. 따라서 성인이 된 한병태는 사회의 변혁을 낙관하지 못하는 자신의 불행한 허무주의가 그때부터 싹튼 것인지도 모른다고 회고한다. 엄석대의 비리를 보고 한병태가 저항했을 때 반원들이 동조하여 그들 스스로 새로운 체제를 구축했다면 그러한 냉소주의에 빠지지 않았을지도 모른다. 또 담임선생님이나 아버지에게 도움을 청했을 때 그들이 방관하지 않고 적극적으로 대응해주었다면 한병태와 같은 처지에 빠지지는 않았을 것이라는 아쉬움도 있다. 한병태의 저항은 서항으로서 결밀을 맺지 못하고 굴종으로 이어섰다기 제3의 힘(새로운 담임)에 의해 이루어진 변혁이기에 저항의 코드였던 한병태의 의식에는 이러한 허무가 싹텄을 것이다. 그렇더라도 한병태는 저항이 무엇이고 그것의 힘을 인식한 존재이다. 따라서 허무주의의 늪에서 스스로를 들어올릴 수 있는 양력도 그의 내면에서 구할 수 있다는 희망의 존재다. "어리석은 다수 혹은 비겁한 다수에 의해 짓밟힌 내 진실이 모진 恨처럼 나를 버텨 나가게 해"주었다는 한병태의 발화에서 그래도 진실은 버티는 힘이 있고 저항의 씨는 죽지 않는다는 것을 포착할 수 있다.

 불합리한 엄석대의 체제에 저항하지 못하고 굴종한 5학년 반원들의 모습을 통해 지배와 피지배의 권력 관계 및 저항과 굴종 사이에 낀 어리석은 대중을 고발한 저자는 학급의 정황을 통해 권력에 굴종하는 어른들의 사회를 다양한 각도에서 보여준다. A를 통해 B, C, D 등 다양한 면을 유추하게 한 것인데, 예를 들어 엄석대의 체제는 독재 정권에 이은 군부와 신군부 정권을 연상하게 한다. 그런가 하면 6학년 담임의 체제는 평화적이고 민주적인 사회를 투영한다. 소설의 서사를 통해 드러나는 상황이기에 허구적 성격이 강하다고 치부할 수 없는 것은 이 모든 일은 일어날 수 있는 일이기 때문이다. 이 서사에서 주목할 것은 저항과 굴종, 두 언어 사이에는 미농지 한 장의 차이가 놓여 있을 뿐이라는 것이다. 하지만 그 선택에 의한 결과는 평등하게 극명하다.

공포의 중력
- 《우상의 눈물》 전상국

폭력과 권력

폭력은 권력을 생산하고 권력은 폭력을 소비한다. 폭력에 의한 권력이든 권력에 의한 폭력이든 대상에게 공포를 일으키게 하고 공포는 침묵이라는 중력을 생산한다. 이 소설의 시대적 배경인 1980년대는 폭력과 요언이 난무했던 시대로 물리적 폭력만이 아니라 언어적, 정신적 폭력이 비극을 초래하던 시대로 공포의 침묵이 의식을 짓누르던 시대였다. 이 책의 인물들은 이러한 시대의 폭력성을 반영한다. 중심인물은 교우들에게 폭력을 행사하는 최기표와 교묘하게 전체주의적 폭력을 행사하는 담임 김 선생, 그리고 담임의 보이지 않는 끈의 역할을 하는 반장 임형우이며 이들을 관찰하면서 소설의 이야기를 끌고 나가는 동급생 이유대가 그들이다. 폭력 양상 중 기표의 폭력은 공격 본능을 드러내면서 동물적이고 즉물적 유형으로 그가 가진 유일한 권력유지 수단은 물리적 폭력이다. 반면 반장 형우와 담임의 권력은 숨어 있는 권력 형태이다. 은폐된 폭력에서 기인하는 공포 혹은 두려움에 대한 인상은 유년 시절에 하던 거울 장난과 유사하다. 어떤 상대가 보이지 않는 곳에 숨어 손거울을 비추면 표적이 된 아이는 처음엔 어리둥절하다가 짜증을 내게 되고 그러다가 공포에 사로잡히게 되는 것이다. 이러한 거울 장난이 주는 단계적 공포는 기표가 형우와 담임에게 느끼는 공포와 닮아있다. 동급생들에게 물리적 폭력을 행사함으로써 공포감을 자아냈던 기표가 거울 장난 같은 보이지 않는 폭력을 경험하고 더 큰 공포를 느끼는 것인데, 위선적 인물인 형우와 은폐된 권력의 표상인 담임으로부터 생성되는 공포의 형태라 할 수 있다. 이러한 공포는 폭력에 의한 것으로 1980년대라는 시대의 폭력성을 반영하고 있으나 그 시대로 한정할 수는 없을 것인데, 여기서는 즉자와 대자 관점에서 본 폭력과 폭력의 두 얼굴 관점에서 공포의 중력을 살피고자 한다.

즉자와 대자 관점에서 본 폭력

인간은 극한 물리적 폭력 앞에서 어떻게 반응할까. "기표가 웃옷을 벗어 던진 다음 바른손에 거머쥐고 있던 사이다 병을 담벽에 깼다. 깨어져 나간 사이다 병의 날카로운 유리조각을 그의 걷어올린 팔뚝에 사악사악 그어갔다. (……) 나는 비로소 온몸을 와들와들 떨기 시작했다. 나 자신도 헤아릴 길 없는 거센 공포로 해서 나는 그 자리에 무릎을 꿇고 앉아 두 손을 비벼댔다"(《우상의 눈물》, 7~8쪽). 이 소설의 도입장면에서 이유대가 공포감에 사로잡혀 "무릎을 꿇고 앉아 두 손을 비벼"댈 수밖에 없었던 것처럼 대개는 폭력 앞에 굴복할지 모른다. 기표가 유대에게 가한 린치(lynch) 인용 장면은 다분히 충격적인데 린치는 개인 또는 소수자에게 가해지는 집단적인 폭력으로, 법적인 절차를 거치지 않고 행해지는 처벌의 한 종류이다. 그 폭력 앞에서 유대는 공포에 짓눌려 무릎을 꿇은 것이다. 이러한 기표의 폭력은 재수파를 자신의 수하에서 움직이도록 함으로써 권력을 쥐게 된다. 폭력을 수단으로 생성된 기표의 권력 앞에서 재수파들은 저항하고 싶었으나 의지를 꺾고 폭력의 권력 앞에 굴복한다. 그들이 무릎을 꿇은 것은 어떤 대의나 선한 목적의식에서 존재를 추락시킨 것은 아니다. 극한 폭력의 공포 앞에 무의식적으로 굴복한 것인데 이러한 집단적 굴복은 최초 린치를 당한 유대의 무저항과 굴종으로부터 생산되었고 폭력이 지닌 힘을 학습한 기표의 폭력은 반복된 것이다. 여기서 즉자적(가시적) 폭력과 대자적(비가시적) 폭력의 대립이 두드러진다. 기표의 폭력이 즉자적이라면 형우의 폭력은 보이지 않는 것으로 대자적이라는 데서 둘은 방법적 차이가 있다. 그러나 근본적으로는 폭력을 등에 업은 구조이다. 흔히 즉자적 폭력이 중단되었을 때 폭력이 근절된 것처럼 보인다. 하지만 대자적 시선으로 사태를 꿰뚫어 보면 그것은 폭력의 그늘에 가려진 형태일 뿐이다. 예컨대 형우와 담임의 폭력이 보이지 않는 곳에서 움직이며 압박하고 있음을 간파해야 한다는 것이다. 문제는 은폐된 권력이 폭력 사태를 사회 대다수 민중에게 미담으로 변모시킨다는 것이다. 말하자면 비행 청소년인 기표를 악마화 하기보다 미담의 대상으로 전치한 숨은 권력은 드러나지 않는다는 것이다. 따라서 미담이 진정 미담일 수 있는지를 이 책은 묻고 있다. 저자는 학교라는 공교육 현장에서 일어난 폭력의 양상을 통해 교묘한 폭력의 두 얼굴, 그 이중성과 권력의 이면을 고발한다.

폭력의 두 얼굴

공포는 폭력의 산물인바, 즉자적 민중은 기표의 외모처럼 전형적인 범죄형으로 묘사된 가시적 폭력 앞에 굴복하고 폭력의 노예가 되기 쉽다. 기표를 "냉혈 동물처럼 피가" 차다거나 "뱀처럼 작고 징그러운 눈을 가지고 있"다고 묘사한다거나 "교활한 자들이 가끔 보이는 그런 거짓 착함마저도 나타내 보일 줄" 모르는 철저히 악한 인물형으로 표현한 것은 보이는 폭력의 함정 같은 것이다. 그런데 여기서 "거짓 착함"은 이후 전개될 형우의 위선적 폭력(비가시적인)을 암시하는 대목이기도 하다. 형우와 대척점에 있는 기표가 친구들 사이에서 우상으로 존재하기 위해서는 물리적 폭력이 선행되어야 하며 그가 행하는 폭력은 대상에게 위해를 가하는 모양새지만 그것은 일시적인 것이다. 즉, 기표의 폭력은 드러난 것으로 폭력의 당사자가 폭력을 인식한다는 면에서 순수한 악이다. 기표가 반원들에게 가하는 공포는 표피적이기 때문에 즉각적이고 현장성을 지닌다. 폭력이 권력을 낳기도 하고 또 다른 폭력을 생산할 때 악은 악으로 선은 선으로 나타나기도 하고 선을 가장한 폭력의 양상으로 미화되기도 한다. 겉으로 드러난 상처보다 안에서 곪는 상처가 더 위험하듯 기표의 행위보다 형우나 담임에게서 느끼는 공포의 압력이 강하다. 어쨌거나 기표는 학우들을 자신 앞에 군림하게 만들고 자기 과시 내지는 우상화를 위해 폭력을 행사한다. 물론 가정환경이 불우하다는 이유로 모든 인간이 기표처럼 폭력적인 성향으로 기울어지지 않는다.

> (……) 순수한 악마만이 신을 돋보이게 하기 때문에 신은 마음속으로 괴로운 거야. 그렇기 때문에 신은 결코 악마를 영원히 추방하지 않아. 항상 곁에 두고 자신을 돋보이게 하는 일에 그것을 악용할 뿐이야.
> - 《우상의 눈물》, 21쪽

가시적 폭력의 표상인 기표와 같은 "순수한 악마"를 신조차도 추방할 수 없다. 악한 그가 존재함으로써 선이 드러나기에 신은 영원히 악을 옆에 둔다. 이분법이 존재하는 이유는 차치하고 이는 비가시적 권력이 가시적 폭력을 이용할 것이라는 암시이다. 그러니까 형우에게 기표는 자신을 돋보이게 할 수 있는 인물로 이용의 대상이다. 형우는 악의 표상 같은 기표를 도와주고 그에게 린치를 당한 것도 발설하지 않은 채 그의 가족들에게 선을 베푼다. 그런 형우의 모습은 악마와 대별되는 천사의 이미지로 부각된다. 그런데 이러한 형우를 이용하는 인물은 담임이다. 담임은 "나무를 전정할 때 역행가지를 잘라버려야 하듯" 반을 운영할 때도 마찬가지라며 학생들에게 자유를 강조한다. 하지만 실상은 반장 형우를 이용해 자신의 목적을 이루고자 할 뿐이다. 자신은 앞에 나서지 않으면서 뒤에서 타인의 의식을 조종하는 의식조작자 같은 인물이다. 담임은 교실의 질서라는 미명하에 지배와 종속의 메커니즘을 표출하는 인물로 전체주의적 발상을 실현하고자 하는데 이때 그는 "역행가지"인 기표와 정면으로 대결하기보다는 상황에 따라 반장인 형우와 다른 학생들을 이용해 음모를 꾸미는 숨은 권력자이다. 이 같은 보이지 않는 권력의 그림자를 볼 수 있는 의식적 자아가 대자적 존재이다. 가시적 권력이 불법적인 권력으로서 지탄과 질시의 대상이라면 비가시적 권력은 합법적인 권력으로 미화 또는 묵인된다. 푸코에 의하면 국가가 폭력을 묵인하는 공간은 공장, 학교, 감옥, 정신병동 등이다. 이 중에서 학교는 아직 사회에 대한 시각이 정립되지 않은 학생들을 대상으로 한다는 점에서 문제적인데 이 소설의 공간에서 불법이 합법화되는 형태를 띠고 있기 때문이다. 예컨대 기표의 폭력은 불법으로 범죄이지만 형우의 폭력은 합법적인 권력으로 변질되어 범죄라고 인식되지 않는다. 그런데 기표가 친구들의 불법적 호의인 커닝페이퍼를 거부한다. 그가 부적절한 행위의 부당함을 고발하는 차원에서 거부한 것은 아니지만 그의 행위가 오히려 인간적으로 비치기까지 한다. 기표의 거부로 최고의 반을 꿈꾸던 형우의 계획은 불발되고 이를 계기로 형우가 기표 일당으로부터 린치를 당하게 된다. 형우가 기표에게 린치를 당할 것이라는 징후는 통과제의와 같은 것으로 서두에 암시된 바 있다. 그렇듯 예정된 사건이지만 이 사건을 통해 형우의 교활함이 극명해진다. 폭력을 당하면 대개의 사람들은 복수를 계획하거나 이 소설의 화자인 유대처럼 굴복하게 된다. 하지만 형우는 계획적으로 악을 선으로 갚는 방법으로 자신의 린치 사건을 이용한다. 기표를 구원한다는 명목을 내세우나 실상은 자신의 권력생성을 위한 도구로 악용한 것이다. 위선이 표면적으로 미화되어 기사화되면 일반 대중은 그 기사를 액면 그대로 믿게 된다. 이 같은 메커니즘이 은폐된 소설로 폭력의 두 얼굴이 대치하고 있다.

유예되는 비애

순한 양처럼 변해버린 기표는 이제 아이들에게 두려움의 대상이 아니다. 물리적 폭력의 정점에 있던 기표가 은폐된 의식조종 권력인 담임선생을 두려워하며 "무서워서 못 살겠다"고 비명을 지른다. 그런 기표가 "안톤 슈나크의 〈우리를 슬프게 하는 것들〉-울음 우는 것은 우리를 슬프게 한다."를 읽는 마지막 장면은 상징적이다. 폭력을 도구화해 자신의 우상으로 군림하던 기표가 역으로 폭력의 또 다른 모습인 권력에 의해 축출되기 때문이다. 이는 결국 가시적 폭력이 비가시적 폭력에 의해 전정되는 형태이다. 가시적이든 비가시적이든 폭력은 권력을 생성하고 그 권력의 이면에는 전정할 때 나무가 흘리는 눈물(수액)처럼 비애가 뒤따른다. 이 소설은 학교 공간을 배경으로 한 이야기이지만 사회와 국가로 확대되면서 인간이 인간을 향해 폭력을 행사하는 것에 대한 사유 또한 내장한다. 이 같은 폭력과 권력은 시간과 장소를 달리하면서 비애를 낳는다는 데서 공포를 낳는다.

르네 지라르는 《폭력과 성스러움》에서 "폭력을 억제하는 방법들은 모두 폭력과 무관하지 않다는 점에서 서로 유사하다."고 말한다. 그는 폭력을 사용하지 않고서는 폭력을 근절할 수 없기에 폭력은 끝날 수 없는 것이라고 덧붙인다. 그의 말대로 "모두가 폭력의 최종 결정판이라고 소리치지만 바로 이 때문에 보복에 보복이 거듭되면서 진정한 결말은 결코 나타나지 않는" 것이다. 이처럼 결말이 없다는 데서 폭력은 괴물과 같다. 더 무서운 것은 어떤 폭력이든 정당화될 수 없으나 폭력이 필요한 상황이 도래할 수 있는 현실 또한 부정할 수 없기 때문이다. 전상국은 학교 폭력의 양상을 이야기했으나 그 이면에는 사회 국가의 폭력이 숨어 있다. 일테면 폭력 혁명이 불가피하다고 본 마르크스와 레닌을 호명할 수도 있고 인간적이요 폭력 없는 사회를 위한 혁명적 폭력은 필요하다고 본 마르쿠제가 떠오르는 이유다. 이야말로 비애의 유예이며 폭력이 낳은 공포의 중력일 것이다.

진보, 달고도 쓴
— 《무서운, 멋진 신세계》 김병익

  현대를 사는 우리는 문명 발달을 마냥 반길 수만도 마냥 밀어낼 수만도 없다. 21세기를 앞둔 20세기 말, 저자의 응시 뒤에도 이러한 딜레마가 드리워져 있다. 과학 문명에 대한 기대와 불안, 탄성과 우울 등 양날의 검과 같은 진보 세계 앞에서 어떻게 나아가야 할 것인지 문화, 사회, 경제, 문학 등 다양한 관점에서 언급하고 있다.

  전통문화 체계가 거대한 패러다임의 전환을 맞이하고 있는 시대에 문명의 추세는 아날로그에서 디지털로, 인문주의에서 기능주의로, 실물에서 사이버로, 인쇄문화에서 컴퓨터 문화로 흐를 것이라는 그의 예측은 지금 현실화된 것 같다. 인간과 인간, 인간과 자연, 인간과 공동체 간의 관계 전반이 새로운 형태의 사회관계로 변모할 것이고 인간은 창조주의 위상으로 격상할 것이지만 인성은 외려 비인간화될 것이라는 그의 목소리는 지금도 유효하다. 그러나 저자는 희망의 동아줄을 놓지 않는다. 문학인으로서 삶의 의미와 세계의 허위에 대한 각성이 어느 시대에든 존재해 왔고 그러한 문학의 진정성에 대한 기대 때문이다. 문학인이 가난해도 좋은데, 가난으로 인해 현실의 모순과 왜곡을 발견하게 되고 그것을 비판할 근거로 삼는 것이다. 수렁 속에서 피어나는 연꽃 같은 문학, 중요한 것은 문학이지 문학인의 가난이 아니다. 무엇보다 21세기는 문화의 시대이다. 그 문화의 물결이 비인간화의 우려를 지워줄 것인가 묻는다.

현대 자본주의 사회의 폐해를 언더그라운더의 비극을 통해 자본을 비판하면서도 자본의 그늘에서 벗어나지 못한다는 관점에서 파악(《언더그라운드에 대하여》)하는 그의 논조에는 비애가 서려 있다. 언더그라운더들은 제도권 밖에서 자유롭게 자신들의 문화를 누리는 자들이다. 그러나 그들 역시 자본가의 손바닥 안에 있다. 그러한 역설을 저자는 시니컬하게 핵심을 찌르면서 언더그라운드의 반문화적 반체제적 존재 이유를 넘어서 정통 순수 예술이 잔존할 수 있는 마지막 보루임을 강변한다. 일테면 자본이 정신적 자산까지도 상업화의 대상으로 삼는 것을 우려하는 것이다. 영상 미디어 문화에 길들여진 독자는 문학적 성취가 높은 본격 문학보다는 재미있고 스릴 있는 추리소설에 더 관심을 가지는 사정을 그는 염려한 것이다.

특히 저자는 자본가들의 정보 독점이 더 심화될 것이고 창조적 두뇌

활동의 둔화와 함께 소외 계층은 더 늘어날 것이며 정보 전쟁과 정보 테러로 국가 안보가 위태로워질 것이라 진단한다. 또 실업은 확대될 것이고 환경 파괴는 가속화될 것이기에 정보혁명에 대해 반대한다고 말한다. 정보 홍수로 삶은 더 황폐화되고 계층 간 국가 간 불평등의 골이 깊어질 것이라서 무한한 가능성과 희망에도 불구하고 그 새로운 세기가 두려운 것이다. 이는 과학 문명으로 인해 안락하고 풍성하고 편리해진 세상에서 "인간이란 존재는 어떤 위상 속에 놓여질 것인가"에 대한 어두운 예상 때문이다.

세계화와 시장경쟁력 제고에 의해 기업의 새로운 형태들은 값싸고 다양한 상품들을 개발해 상품의 이윤을 높여주는 것은 분명하지만 그것의 국민 경제적 효과는 부실할 것이다. 서구 자본주의 본래의 체질은 경제적 이윤을 추구하되 근검절약과 빈자와의 나눔의 철학을 배태한 덕성이 존재했으나 사멸하지 않는 인간의 욕망 특성 때문에 역설적이게도 기업의 이윤은 증가하지만 국민들의 소득은 줄어들고 국가의 부는 늘어나지만 실업자는 증가하는 부도덕한 형태로 변질된다는 논리이다. 더구나 디지털 인간형의 출현으로 인간 소외가 극대화되고 존재는 더할 수 없이 왜소해졌으며 앞으로도 그러할 것이다. 인문학의 쇠퇴를 우려한 저자는 올더스 헉슬리의 《멋진 신세계》를 반복 인용하면서 멋지지만 두려운 양가감정의 딜레마 앞에서 물음이 꼬리를 문다.

그러나 그의 물음들은 인간이 인간으로서 살아가는 것을 더 깊이 숙고하라는 긍정의 메시지로 읽힌다. 희망과 절망 사이에서, 새로운 세기를 다각도로 진단한 구세대의 우수이거나 지워질 수 있는 회의이기를 바란 저자가 세기말에 새로운 세기를 진단한 것으로부터 근 한 세대가 흘렀고 그의 우려는 현재도 여전히 이어지고 있다. 늘 그렇듯이 진보의 내면에는 긍정과 부정이 앞서거니 뒤서거니 길을 내기 때문이다. 흐릿한 안개 속 같은 새로운 세기의 바퀴가 멋지면서도 두려운 감정을 싣고 현재를 건너가는 중이다.

물음의 이면
— 《소유의 종말》 제러미 리프킨(이희재 옮김)

　방대한 자료를 바탕으로 오랜 시간 이론적 토대를 구축하여 시대를 예견한 제러미 리프킨의 《소유의 종말》은 후기 자본주의 시대를 접속의 시대로 명명한다. 리프킨은 인간 삶의 방식이 변화함에 따라 소유의 개념이 물적 소유에서 접속의 권리로 변화하는 것을 다소 과격한 언어인 '종말'로 표현한다(그의 종말 시리즈로 《육식의 종말》(2002), 《노동의 종말》(개정판 2005) 등의 저서가 있다). 끝은 언제나 시작을 내포하고 있듯 그는 그 이후를 묻는 것이리라.
　소유하는 사람과 소유되는 사람을 구별하는 소유의 시대에는 인간이 물질에 지배당했다면, 연결되는 사람과 연결되지 못하는 사람을 구별하는 접속의 시대에는 이미지, 원형, 개념, 형상 등의 세계가 관심의 대상이다. 접속의 시대는 집이나 자동차를 소유하기보다는 대여하는 시대이며 비물질적이고 사색적인 시대로 부는 "물적 자본에서 나오지 않으며 인간의 상상력과 창조에서" 생산된다. 말하자면 유형 자산에서 무형 자산으로 이동하는 시대이므로 감성과 지적 자본이야말로 새로운 경제적 원동력이라는 것이다. 예로 영화 산업계에서 유형의 자산이 한 푼도 없었던 '드림웍스'에 투자자들은 20억 달러를 투자한다. 이는 그의 재능과 실력이라는 무형의 자산을 믿고 투자한 것으로 가치 있는 정보의 접속을 기반으로 하는, 생명과학이나 지적 재산권과 같은 산업이 미래를 주도적으로 끌어나갈 것으로 판단한다.

리프킨은 이처럼 상상력과 창의가 답인 접속의 시대에는 접속을 곧 생명으로 여기는 새로운 인간형을 창출한다고 본다. 그들은 글 쓰는 능력은 떨어지지만 접속의 공간에서는 탁월하고, 순간적이고, 이미지적 사고에 길들여진 세대이다. 새로운 인간형은 탈근대를 살아가는 사람으로 그들은 근대적 소유 관념 세계의 바깥으로 향하며 그들에게 접속은 곧 생명과도 같다. 리프킨은 시장 경제의 변화를 주축으로 시장 경제의 주역인 기업가, 사업가, 소상공인 등의 변화를 포함한 사회관계망이 거미줄처럼 연결되어 서로가 서로에게 영향을 미친다는 관점에서 서술한다. 이때 그는 시장, 정부, 문화의 관계에서 문화의 중요성을 특별히 강조한다. 문화는 사회적 신뢰를 토대로 공감의 영역을 감당하기 때문이다.

인간관계의 상품화와 생활공간이 소유에서 접속으로 이동하는 형태를 통해 어느 정도까지 탈바꿈할 것인지는 자신이 누구인가? 라는 정체성과 21세기를 어떻게 살 것인가? 라는 각자의 의지에 따라 다르게 나타날 것이다. 소유에서 접속으로의 전환은 지엽적이고 눈에 보이지 않게 일어나고 있기에 보통은 감지할 수 없을 정도이다. 그러다가 지나고 나서 그것을 느끼게 된다. 산업 자본주의가 문화 자본주의로, 소유권이 접속권으로 변모하는 데는 오랜 시간이 흘렀음을 리프킨은 기억하라고 한다. 변화는 일시에 일어나는 것이 아니며 가랑비에 옷 젖듯 우리가 인식하지 못하는 사이에 일어남을 경고한다. 접속의 시대 이전에는 잘 살든 못살든 누구나 자유롭게 드나들 수 있는 공간이었던 광장이 접속 시대에는 문지기가 있어 통행료를 받는다는 사실을 예로 든다.

리프킨은 접속 시대의 아킬레스건이 있다면 그것은 아마도 상업적으로 규정되는 관계와 전자로 매개되는 네트워크가 전통적 관계와 공동체를 대체할 수 있다는 그릇된 믿음일 것이라고 한다.

결국 상생과 호혜적이기보다 목적적이며 도구적 관계의 접속 시대에 타인과의 기본적 관계를 어떻게 재설정하고 싶은가를 묻는 것이다. 변화의 시대에 방향 설정을 묻는 것은 미래 사회의 성격을 규정할 답이 거기에 있기 때문이다. 언택트 시대인 코로나 시대를 맞아 관계에서 사회적 신뢰와 사회자본의 고갈을 방지하는 것은 물론 문화 공동체와 공존의식을 강조한 리프킨의 사유를 따라가 보는 것도 좋을 듯하다.

미래진단서의 특성상 2001년 출간 당시의 충격은 아니겠으나 아직도 그가 말한 시간의 선상에서 살아가고 있기 때문이다. 코로나 블루라든가 정서적 공백을 공감과 상생의 정신으로 치유할 수 있으리라. 이는 시대를 초월한 가치이기도 하며, 리프킨이 던진 물음의 이면적 진실이기도 하다.

제 4 부

여백의 사유 혹은 사유의 여백

경계를 사는 과정적 주체
— 《시적 언어의 혁명》 줄리아 크리스테바(김인환 옮김)

　주체를 완성이 아닌 미완으로 파악한 하이데거처럼 크리스테바는 《시적 언어의 혁명》에서 과정으로서의 경계적 주체를 탐색한다.
　총 3부로 구성된 논문 중 1부 텍스트 분석의 '이론적 전제'를 번역한 이 책은 텍스트로서의 언어가 쌩볼릭과 세미오틱의 이중적 층위로 구성됨을 언급한다. 쌩볼릭의 그리스어 어원은 한 대상을 두 개로 나누고, 각각이 분할된 한 부분을 차지한다는 뜻이다. 쌩볼릭은 세미오틱의 일부를 포함하고 시니피앙과 시니피에의 단절로 표시된다. 쌩볼릭은 단절에 의해 산출되고 단절 없이 존재할 수 없는 항상 분열 상태에 놓인 통합을 적절하게 지칭해주는 말이다. 사회 구성적인 언어로써 일관된 질서를 상징하는 쌩볼릭이 페노 텍스트와 연결된다면 창조적 언어로서 불안정한, 前오이디푸스적 세계를 담지하는 세미오틱은 제노텍스트와 관계된다. 그녀에 따르면 쌩볼릭(페노)과 세미오틱(제노)의 상호작용에 의해 끊임없이 변화하는 가운데 새로운 텍스트는 생성된다. 즉, 기존 쌩볼릭적 질서를 개혁하는 것은 언제나 쇄빙선 같은 세미오틱에 의해서다.

그녀가 주목하는 곳은 다양한 문학과 예술 행위들이 상징적 미메시스를 바탕으로 쌩볼릭의 한계를 넘어서기 위한 파동의 지점이다. 일테면 '코라(chora)'[6] 세미오틱을 추구하는 생성 텍스트는 사회의 가장자리 또는 그 너머까지 도달한다는 것이다. 시적 언어에 내재한 '코라'적 무의식에 의하여 기표로서의 의미가 산출되고 변형되며, 의미화 과정이 주체를 새롭게 만들어가는 동력으로 작동한다는 이론이 그녀의 철학적 사유 안에 녹아 있다. 정신분석학과 기호학의 개념을 도구로 새로운 관점에서 언어를 조명한 이 같은 과정은 '시적 언어의 혁명'으로 귀결된다. 일테면 코라적인 것에 투영된 이질적 요소들이라든가 헤겔의 부정성 개념을 통해 거부(탕진)의 주체를 분석한다. 거부 혹은 탕진은 일자一者[7] 혹은 아버지로서의 상징계를 파열하는 중요한 계기이다. 기존의 질서 체계에서 거부되어 왔던 '코라'(모성)적인 것과 前오이디푸스

---

[6] 플라톤의 《티마이오스》에서 따온 것으로 모성적 개념. "플라톤의 '코라(chora)'는 남성과 여성의 생성 이전에 있었던 모태로서, 그것은 남성이나 여성이 모두 여성적인 것에서 비롯된다는 것을 의미한다. 동양의 음양적인 개념을 빌려 표현하자면, 음양으로 구분되기 이전의 태극의 상태는 음양 모두를 배태하고 있으므로 태극을 '음'적인 것으로 보는 것과 같다."—역자 해설 중에서

[7] 이 세상의 모든 것이 나오고 돌아가는 단 하나의 절대자.

적인 것의 생명성을 추동하기 때문이다. 여기에 크리스테바의 새로움이 있고 철학 명제로서의 핵심 사유가 깃들어 있다.

무엇보다 그녀는 텍스트 의미화 과정의 유지와 실천의 주체를 조정하기 위해 시적 언어의 주체가 끊임없는 유동체로서 존재함을 강조한다. 말하자면, 상징계(쌩볼릭)와 기호계(세미오틱)의 상호작용과 무의식과 의식의 상호작용에 의하여 변형되어 가는 주체는 늘 경계를 서성이는 시인들이라는 의미로 해석될 수 있다. 이때 의미 실천의 의미화 장치로서 서술적 담론, 메타 언어적 담론, 관조적 담론, 텍스트 등 네 가지 유형을 제시한다. 이러한 유형의 경계에서 헤겔, 하이데거, 푸코, 들뢰즈를 호명하여 철학의 숲을 헤쳐 나가기도 하고 프로이트, 라캉의 정신분석 이론을 토대로 자신의 사상을 분석하면서 그들의 권위를 넘어서는 사유를 개진한다. 특히 메타언어적 담론에서 크리스테바는 시적 언어의 혁명적 본질을 언급한다.

"주체는 창의의 시간에 대해 말할 수 없다"고 단언한다. 왜냐하면 창의의 출현은 주체의 로고스가 억압하는 부정성에 의해서 만들어지기 때문이다. 크리스테바의 주체는 라캉적 주체와 다른 것으로 여기서 주체는 쌩볼릭적 질서의 세계로 존재론적 질서의 세계, 고정화된 세계의 주체를 의미한다. 말하자면 메타언어적 담론은 스토아학파에서부터 데카르트에 이르기까지 또 그 이후의 주체적 담론으로서 아버지의 질서를 의미한다. 하지만 세미오티크의 세계는 어머니적인 세계로 광기적이고 알 수 없는 현현의 시간으로서 창의의 시원이라는 것이다. 또 크리스테바에 의하면 창의를 향한 인간의 욕망은 쾌락 원칙의 한계를 뛰어넘어 이미 의미를 지닌 현실—욕망은 대타자의 욕망이다—을 투여하며, 그 현실 속에는 분할되어 항상 움직이는 주체로서의 주체가 포함된다. 주체란 욕망하는 것이고 실천의 주체이기 때문에 크리스테바는 욕망이라는 개념을 중요시한다. 현상학 이후 정신분석의 토양에서 형성된 욕망은 불안의 인접 영역으로서 무엇보다도 의미론적 집약처럼 필요하게 되었다는 사실을 언급한다. 라캉에 의해 '존재해야 하는 것들의 결핍의 환유'라고 정의된 욕망은 그 논리적 구조를 무, 또는 논리상의 제로라고 부를 수 있는 것 위에 배치한다고 말한다.

크리스테바는 자신의 욕동이론이 데카르트적인 사회적 주체가 그 중심이기에 정신분석까지도 욕망이 의미 생성과정의 메커니즘들을 철저하게 해명하지 못한다고 생각한다. 때문에 욕망과 욕구의 정신분석학적인 구별의 중간에 또 그 밑에 깔려 있는 생물학적이고 의미화적인 개념을 호출한다. 그것은 분열, 분리, 거부이다.

이 외에도 그녀의 철학적 담론과 사유의 진폭은 깊다. 크리스테바는 '시적 언어의 혁명'이라는 대주제를 뒷받침하기 위해 헤겔의 부정성 개념과 키에르케고르의 '근육운동'과 '불안' 그리고 라캉의 '욕망' 등 철학적 개념들을 파헤치고 철학과 정신분석의 역사와 그 역사 속에서 어떻게 성의되고 인용되있는지를 분석함으로써 자신의 철학과 논리의 성을 견고하게 한다. 부서지지 않을 성이란 있을 수 없지만, 그녀가 세운 논리는 철학의 역사에서 한 줄기로 남을 것이다.

견고한 사유의 끄트머리에서 크리스테바는 시적 언어의 실천과 논리적 귀결을 스테판 말라르메의 《이지튀르》에서 찾음으로써 이론적 전제를 확고히 한다. 현실계이자 상징계의 주체였던 개념분석가들이 세계를 정해진 규정성의 논리로 환유한다면 말라르메는 '이지튀르'의 발화를 통해 삶을 주사위놀이의 즐거움으로 해석하면서 이 세계를 불확정성으로 환유한다. 말하자면 시적 언어의 의미화와 상호텍스트성이 드러나는 문학과 예술의 아방가르드적 혁명이야말로 코라 세미오틱의 현현이라는 것이다. 결과적으로 코라 세미오틱의 세계를 상징하는 말라르메의 시적 주체인 '이지튀르'는 기존의 세계와 투쟁하는 과정적 주체로서 경계를 사는 주체를 대변한다. 따라서 모든 경계는 긍정이며 무한을 창조하는 시적 에너지로 환원될 수 있겠다.

여백의 사유 혹은 사유의 여백
― 《지식의 고고학》 미셸 푸코(이정우 옮김)

　시대가 당연하다고 생각했던 것이 당연하지 않을 수도 있다는 비판적 사유로부터 기인한 《지식의 고고학》은 푸코의 핵심 철학서 중 하나이다. 그는 전통적이고 보편적 서술 방식인 기존 역사관에 비판적 시각을 표출하며 고고학자가 유물의 흔적을 발굴하듯 지식 권력의 이면을 파헤침으로써 역사의 여백을 드러낸다. 일테면 고고학자에 의해 출토된 유물에 따라 시대의 특징을 간파하듯 시대마다 언설, 언표 지식에 의해 생성된 인식의 지층이 있다는 것이다. 여기서 푸코가 집중하는 것은 시대마다 권력의 중심에서 밀려난 바깥의 존재들에 대한 공백의 영역이다. 빔이 있어야 채움도 가능하겠으나 푸코는 역사에서 밀려난 존재들에 대한 배제된 공백을 거론한 것이다. 시대가 어떻게 어떤 특정

법칙이나 관계를 시대의 진리로 생각하게 되었는지를 파헤친 저작이다. 역자가 서문에서 이 책을 "현대의 반인간중심적 철학의 성경"이라고 한 것도 이와 같은 의미를 배면하고 있기 때문일 것이다.

서론과 결론을 포함해 '언설적 규칙성', '언표와 문서고', '고고학적 기술'의 장으로 구성된 이 책은 푸코의 사상을 이해하기 위해서는 넘어야 할 산이라고 할 정도로 그의 철학적 명제들이 산재한다. 언설의 무한하고 단조로운, 풍부한 영역을 분절시켜 온 기존의 전통적인 단위들에 의문을 던진다면서 푸코가 언급한 게 언표 개념과 계열들에 대한 것이다. 언표는 어떤 행위의 보이지 않는 부분으로 그 보이지 않는 궤적을 추적하는 것이다.

이를 언표적 실천의 장이라는 이론으로 해석하는 가운데 기존의 역사가 추구했던 진리에의 추구가 아닌 진리(지식)라고 여겨졌던 것들에 대해 비판한다. 말하자면 시대를 지배하는 지식이 만들어질 때는 언표를 통해서 나타나고, 언표들은 담론을 구성하는데 그 시대의 특정한 언표와 담론이 형성되는 과정에서 바깥(여백)의 담론을 억압한 흔적이 있다는 것이다. 여기서 바깥 혹은 여백은 시대의 그늘진 곳 혹은 존재 의미가 축소된 계층들을 암시한다. 시대마다 바깥은 존재하기 마련이고 그 바깥을 어떻게 중심과 가깝게 하느냐에 따라 그 시대는 어떤 시대인가를 나타낸다고 해도 과언이 아니다. 그러므로 지금 우리의 바깥 존재는 누구이며 어디에 있는가를 묻는 것이기도 하다.

이 책의 서론에서 그는 아날학파의 장기지속개념을 언급함으로써 자신의 역사 해석 방법을 제시한다. 즉, 역사의 어떤 사건의 원인은 어느 하나의 원인이 아니라 그 시대적 상황, 혹은 사회학적 변수에 의해 일어났다고 보는 장기지속 개념을 통해 지식의 역사를 해석한다. 언표의 개념 역시 같은 맥락을 취한다. 고고학의 시기라 불리는 그의 초기 철학의 특징이 드러나는 가운데 서구 근대 합리성과 절대성을 부정하는 지식에의 의지를 드러냄으로써 역사에서 배제된 빈틈과 같은 존재들을 그는 철학의 역사 속으로 끌어온다. 고고학적 방법론은 전통적인 비판이론과는 달리 비판을 위한 토대를 설정하지 않으며 시대로부터 배제되어 보이지 않았던 대상에 초점을 맞추고 유물처럼 침묵하고 있던 역사의 여백을 발굴해 보여준 것이다. 동양화의 여백이 비어 있으나 비어 있지 않음을 내포하고 있듯 역사의 여백에도 그러한 의미가 작동하고 있다는 방증일 것이다.

또한 푸코는 역사적 시기들 사이의 '불연속성' 개념을 언급한다. 고고학의 특징이라 할 수 있는 불연속성은 "몇 년의 시한 내에서 어떤 문화가 그때까지 생각해 왔던 것을 이제는 더 이상 사고하지 않으며, 새로운 방식으로 다른 것을 사고하기 시작한다는" 것이다. 이는 데카르트, 칸트, 헤겔 등 기존의 역사가 인과관계에 의한 연속적인 발전 과정을 거친다고 보았다면 푸코의 고고학적 사유는 역사의 시기들이 인과율 없이 단질되었다고 보는 데서 치이기 있다. 과학, 문학, 철학사에서 나타나는 개념들은 선험적 인식의 장으로서만 그치는 것이 아니라 그것들이 구성되었을 때 어느 지점에서 역사가 단절되고 불연속성이 일어났는지를 추적하는 것이다. 푸코는 여타의 학문이 추구한 것처럼 지식의 역사가 아닌 지식의 바깥을 탐구하고자 한 것인데, 철저히 비이성을 억압하고 배제하는 기존의 방식에 대한 비판적 사유가 그 근원지이다. '이성'에 대립되는 비이성적 담론들을 바깥으로 추방한 흔적을 지식의 가능성 토대에서 발굴한 것이다. 푸코는 지배 담론 질서를 유지하기 위해 배제된 타자들 혹은 역사 서술의 표면에서 벗어난 또 다른 보이지 않는 질서의 한 축을 무의미하게 흘려보내지 말라는 취지이다. 이때 그가 주목하는 것은 '누가' 역사를 썼는가가 아니라 '어디에서' 역사를 썼는가를 문제 삼는다. 결론적으로 푸코는 한 시대의 지배 담론이 어떻게 구성되었는지, 언표들이 사건을 통하여 나타나게 된 역사적 과정을 고고학적 방식으로 밝히면서 사유의 여백을 사유한다.

  안으로부터 잠기는 침묵으로 바깥의 존재와 그에 따른 푸코 사유의 심연에 닿아보는 시간이다.

진리의 노정
― 《니체와 하이데거》 박찬국

　철학을 철학하게 하는 이 책은 근대 문명과 첨예하게 대치했던 니체와 하이데거 철학을 비교 분석함으로써 철학의 이유를 묻는다. 먼저 후기 하이데거의 니체 해석에 대한 문제제기로 문을 연 저자의 분석은 에른스트 융거의 니체 해석과 대치하는 하이데거의 평가를 제시하고, 이후 초기 하이데거의 니체 해석과 하이데거의 나치 참여가 니체의 영향이라고 보는 견해에 이의를 제기하는 동시에 하이데거의 사상적 전회를 언급한다. 더 나아가 니체와 하이데거 철학의 차이와 하이데거의 니체 해석의 정당성과 문제점을 비교 분석한다.
　기술시대의 모든 사회체제는 그것이 아무리 자유주의적이거나 인도주의적인 외관을 갖는다 해도 전체주의 체제라는 하이데거와 서로 모순되는 해석까지도 가능하게 할 정도로 다양한 얼굴을 가진 사상가인 니체 사이에 놓인 간극이 큼을 강조한다. 니체는 극좌에서 극우, 남성우월주의에서 페미니즘에 이르는 다양하면서도 서로 대립되는 사조들의 정당화에 이용되어왔듯, 하이데거의 니체 해석도 초기에는 우호적이었다가 후기에는 극히 비판적으로 변화했음을 언급한다. 말하자면 하이데거의 철학을 철저하게 분석함으로써 니체의 핵심 사상인 존재자 전체의 근본 성격으로서의 힘에의 의지는 의지에의 의지이지만 이의 본질은 형이상학의 종언을 고함으로써 제2의 시원으로 이행되었을 때에야 제대로 이해된다는 게 저자의 비평적 견해이다.

  니체는 자유의지를 자기극복을 향한 의지이며 이러한 자기극복이 진정한 의미의 평안을 가져다준다고 본다. 반면 하이데거에게 자유의지는 인간의 속성이 아니라 인간이 자유의 소유물이라는 것으로써 인간 스스로는 자유로운 주체라고 생각하지만 자신이 의식하지 못하는 가운데 탐욕에 의해 지배된다는 견해를 보인다. 그러나 니체에게 인간의 욕망은 자연스러운 것으로 이러한 욕망을 근절하기보다 승화시켜야 하며, 이 과정에서 적은 제거하기보다 자기 발전의 계기로 삼는다. 국가도 마찬가지여서 적국의 성장이 자국의 성장에 유리하다는 니체 사상에 비추어 보면 나치즘이 니체 사상의 본질을 구현한 대표적인 사상이라는 후기 하이데거의 니체 해석은 모순이라는 논리이다. 저자는 니체가 생각하는 형이상학과 하이데거가 생각하는 형이상학이 다르다는 것을 간과하지 말라고 설파한다. 니체가 생각하는 형이상학은 세계를 천상과 지상으로 나누고 인간을 영혼과 신체로 나누면서 천상과 영혼을 우월한 것으로 보는 사고방식을 가리킨다면 하이데거의 형이상학은 '존재자로서의 존재자란 무엇인가'라는 데 있으므로 그의 존재 물음은 존재자 전체의 존재를 묻는 사유 방식이라며 맥을 짚어준다.

근대의 가장 근본적인 문제를 니힐리즘의 지배로 인식하는 니체와 하이데거 철학에는 유사성도 없지 않다. 그러니까 니힐리즘에 대한 니체와 하이데거 사상도 눈여겨보아야 할 대목이다. 니체에서 니힐리즘은 궁극적으로 힘에의 의지를 구현하는 것으로서 인간 자신이 모든 가치의 진정한 근원이라는 사실을 망각한 데서 비롯된다면 하이데거에서 니힐리즘은 존재 망각에서 비롯되는 것이다. 이때 과학보다는 예술에서 그 출구를 찾으며 그 실마리는 그리스인들로부터 구한다.

그들은 그리스인들의 자연적인 세계, 그리스인들이 살았던 피시스로서의 세계에 귀환하려고 한다는 것이다. 이러한 유사성에도 불구하고 본질적인 차이가 있는데, 니체는 그리스 문명뿐 아니라 로마 문명과 르네상스를 높이 평가하는 반면에 하이데거는 자연 친화적인 농촌을 보다 높이 평가하는 경향이 있다.

저자는 이러한 사회 철학적 입장 차가 니체와 하이데거의 인간관과 자연관과도 밀접하게 연관된다고 보고 근대 문명을 바라보는 시각과 정치적 입장, 존재론, 인간관, 죽음관, 예술관의 차이를 분석한다. 니체든 하이데거든 니힐리즘은 無를 경험하는 것이다. 다만 니체가 무의 경험을 최고의 가치들이 무가치하게 되는 것으로 해석했다면 하이데거는 무를 존재자와의 차이로부터 경험된 존재 자체로 보면서 무의 경험을 존재 자체에 대한 경험으로 해석한다는 차이가 있다는 것이다. 동서양 철학에서 무와 유의 개념은 인간을 해석하는 중요한 요소였으며 지금도 마찬가지다.

저자는 무엇보다 하이데거의 니체 해석에 나타난 나치즘 왜곡을 비판한다. 후기 하이데거는 니체를 서양 형이상학의 극복이 아닌 완성자이거나 현대 기술문명을 정초하는 사상가로 해석하지만 이와 달리 저자는 니체를 근대 문명이 부딪히고 있는 문제들에 대해서 나름대로 해결 방안을 모색하는 사상가로 보는 것이다.

저자는 근대철학의 역사가 주체성의 본질인 이성을 철저하게 사유하는 과정이며 니체에게서는 힘에의 의지에, 하이데거에서는 본래적인 시간성으로서의 현존재에 정초된다고 말한다. 더하여 하이데거의 나치 참여가 니체 철학의 영향이었다는 기존 관점에 이의를 제기하고 이를 분석한다. 말하자면 하이데거의 나치 참여 근거를 니체에 두는 것은 니체 철학이 나치즘과의 일정한 근친성을 갖고 있기 때문이다. 하지만 하이데거에서 나치즘과 가까운 것은 민족공동체 사상이라고 볼 수 있는 것이라면, 니체에서는 인간들 사이의 위계질서와 초인의 사육에 관한 사상이라는 차이를 언급하면서 저자는 그 시대의 사상으로 보아 횔덜린의 이념이야말로 하이데거가 나치에 참여했을 때 가지고 있던 이념이라고 설파한다.

하이데거의 나치 참여의 동기를 비이성적인 주의설과 결단주의에서 찾으면서 그것을 니체 철학으로부터의 영향에 의한 것으로 해석하는 것은 니체의 철학을 비이성적 철학과 동일시하는 것이 되는데, 니체 자신은 물론 하이데거도 니체의 철학을 주의주의적인 결단주의와 동일시한 적이 없다는 것이다. 하이데거가 나치에 가담했을 때 지배했던 사상은 니체의 사상보다는 독일 민족 전체가 하나되는 민족공동체 이념이라는 견해이다. 다시 말해 초기의 니체는 국수주의자라고 할 정도로 독일 민족주의자였지만 후기로 갈수록 유럽의 통일을 지향하는 '훌륭한 유럽인'이 되려고 했는데, 하이데거는 시종일관 국수주의적인 성격을 띠면서 민족주의자였다는 점에서 그의 나치참여를 가능하게 했다는 시각이었음을 강조한 것이다. 따라서 하이데거의 나치참여는 니체 철학의 영향이기보다는 오히려 '1914년의 이념'이라고 불리는 보수 혁명가들의 이념이라는 결론을 내린다.

그렇든 저렇든 나와 타인의 성장을 목표로 하는 니체의 철학에서 영원회귀 사상은 오이디푸스 같은 운명이 그대로 반복된다는 것인데, 이러한 삶이라 할지라도 긍정하면서 극복할 수 있는 사람이야말로 힘에의 의지를 최고도로 구현한 사람으로 본다.

반면 하이데거에게 그리스인들의 근원적 경험은 존재자들의 고유한 존재와 진리를 경험하면서 그들과 공감하는 정신을 의미한다는 데서 차이가 난다. 니체에게 그리스인들의 근원적 경험인 비극 정신이야말로 고통과 고난 그리고 갈등과 투쟁에도 불구하고 현실을 긍정하는 정신이다.

이러한 정신은 니체 철학 전체를 관통하는 정신으로서 현대의 정신과도 상통한다. 모름지기 니체도 하이데거도 시대의 문제를 간과하지 않고 철저하게 더 나은 사회를 위해 사유의 길을 확장한 사람들이다. 이들의 길은 존재론적 사유의 길이자 철학적 진리의 노정이다. 철학이 갖는 항존성일 것이다.

낭만주의 정신과 미완의 문학
― 《가나》, 〈가나〉·〈구름동 수족관〉 정용준

죽음에 대한 저항과 초월적 낭만성 : 〈가나〉

　낭만주의 문학은 완성된 무엇을 향한 여정이 아니다. 그 길은 늘 완전을 향하기보다는 미완을 통한 완성을 향해 나아가는 과정이다. 이 같은 문학적 낭만성이 정용준의 단편 소설집 《가나》를 관통한다. 이는 낭만주의의 본령이라 할 수 있는 저항과 반항 정신으로 나타난다. 저항과 반항은 완성된 무엇으로서 정태적인 개념이기보다 흐르는 물처럼 유동적인 성격이 강하다. 그 안에는 충돌하는 두 대상 혹은 사건을 함의하고 있다. 예컨대 중세적 강압에 반항하여 일어난 프랑스 혁명과 그 시기에 계몽주의에 반대하여 일어난 문학적 혁명인 낭만주의가 그러한 예이다. 계몽주의와 합리주의에 대한 저항과 반항 정신을 바탕으로 낭만주의가 태동하고 성장 발전한 것인데, 이는 이름 지을 수 없는 특질을 내포하고 있기 때문이다. 그 결과나 형태를 정의할 수 없다는 데서 낭만주의는 생래적으로 새로움을 생성하는 유전자를 가지고 태어난 이즘이라 할 수 있다.

〈가나〉의 화자 '나'는 죽은 후 자신의 과거를 회상하는 인물로 이 소설의 낭만성을 대변한다. 죽은 '나'라는 인물 설정을 통해 이 소설은 육체의 죽음이 곧 영혼의 죽음인가? 죽은 후에 나는 존재할 수 있는가? 라는 질문을 던진다. 존재의 죽음은 필연이고 불가항력적 사건인데 이 소설은 죽은 화자를 등장시킴으로써 죽음과 삶을 별개로 인식하지 않는다. 한강의 소설《소년이 온다》와《작별하지 않는다》역시 죽은 자를 화자로 내세워 이끌어간다는 점에서 유사하다. 한강이 죽은 자가 산자를 구한다는 맥락에서 역사적 트라우마를 드러냈다면 정용준은 문학의 낭만성을 추동한다는 데서 차이를 보인다. 정용준의 〈가나〉는 '나'라는 화자를 통해 죽음에 대한 사유를 전개하고 초월적 낭만성을 획득하고 있다.

추운 겨울 A, B, C라 불리는 해경들이 피정을 타고 바다로 나가는 도입에서 인물의 성격과 삶과 죽음이 공존하는 바다의 배경 묘사들이 눈에 띈다. 이후 죽기 직전과 죽은 '나'가 등장해 과거를 회상한다. 이렇게 해경들의 구조 작업 장면과 죽은 '나'의 회상이 엇걸어가며 이야기가 전개된다. 삶(육체)과 죽음(영혼)이 함께 움직이는 형식으로 해경들의 구조과정이 날줄이라면 '나'의 회상이 씨줄이라 할 수 있다. 두 장면을 통한 사유의 엇갈림 구성이 주는 효과는 독자를 긴장감으로 끌어들인다. 해경들의 구조과정 장면은 3인칭 관찰자 시점으로 객관적 시각이 담보되어 있다면 사후의 '나'가 등장하는 장에서는 죽기 전의 '나'의 과거 회상과 사후의 회상들이 1인칭 주인공 시점을 채택해 독자와의 거리를 가깝게 해준다. 더하여 해경들의 등장 챕터에서는 현재 시제를 써서 카메라의 뷰파인더를 가까이 끌어당겨 바다의 모습과 시신 인양하는 장면들을 보여준다.

> 지금 내가 잠을 자는 것인가, 꿈을 꾸는 것인가, 아니면 죽은 것인가. 그렇다. 인정하고 싶지 않지만 나는 죽은 것이다. 죽음은 잠처럼 익숙하게, 하지만 예상할 수 없게 찾아왔다. 어, 하는 그 사이에, **나는 죽었다.**(진하게 필자)[8]

죽음이란 자신이 죽은 것을 사후에 스스로 인정하고 불인정하고 하는 문제가 아니다. 얼핏 장자의 〈호접몽〉이 연상되기도 하지만 그와는 다르다. 정용준의 〈가나〉에서 '나'의 죽음은 꿈이 아닌 실제 죽은 '나'가 꿈인지 생시인지를 묻는다. 죽은 자는 말을 할 수도 생각할 수도 없음은 자명한 사실이다. 그러나 문학적 허용으로서 소설의 세계에서는 가능한 상상이다. 그러한 맥락에서 "나는 죽었다."라고 죽은 자가 자기의 죽음을 언명할 수 있게 된다. 그러면서 숙은 '나'가 현인들이 말한 죽음

---

[8] 정용준, 〈가나〉, 《가나》, 문학과지성사, 2011, 45쪽.

에 대해 의문을 제기한다. 즉, 이 책의 현인들은 "가엾은 인생에게" 죽음을 보여주고 그 순간 과거의 일기와 마주하게 할 수 있다. 그러면서 이제까지 경험한 모든 여행 중 가장 긴 여행이 될 것이라고 죽음을 정의한다.

    하지만 화자가 목격한 죽음은 "얼굴도 없고, 징후도 없고, 위험도 없었으며, 모종의 예감도 없었다." 평소와 다르지 않게 예고 없이 오는 게 죽음이라며 현인들의 생각에 반기를 든다. 그러니까 아랍계 노동자인 '나'는 갓 태어난 아들과 아내를 두고 국경을 넘어 원양어선을 탈 수밖에 없었다. 선실에서는 죽음보다 고통스러운 삶이었기에 차라리 죽음이 더 나을 것 같다는 절망이 그를 짓눌렀다. 그가 살던 마을에 도적들이 기승을 부렸고, 자급자족의 기능을 상실했기 때문에 '나'는 곧 돌아가리라는 희망을 안고 원양어선을 탔으나 2년이 넘도록 집에 돌아가지 못한다. 아이의 이름을 지어주기로 했던 약속도 지키지 못했으므로 그것은 위험한 얼굴의 징후를 나타낸 것이다.

    그의 아내 하비바는 '사랑받는 자'라는 뜻의 이름으로 모든 존재적 의미망을 투사하고 있다. 누구나 사랑받아 마땅한 존재이고 그러한 존재임에도 불구하고 그녀는 이름과는 반대로 살고 있다. 벙어리인 데다 남편마저 세상을 떠난 상태이므로 그 이름은 소망의 기표로만 머물러 있을 뿐이라는 데서 극한 삶의 모순을 드러내는 작명이다. 하지만 '나'는 회상의 끝에서 아들의 이름을 '가나'라고 지어줌으로써 희망을 끌어올린다. 노래라는 뜻의 '가나'에는 벙어리인 아내를 대신해 아들이 노래해 주길 바라는 '나'의 마음이 투영되어 있기 때문이다. 생전에 이름을 지어주지 못한 아들의 이름을 죽은 다음에야 지어주고 '나'는 하비바가 좋아하는 노래가 되어 그녀가 있는 곳으로 돌아갈 수 있기를 희구한다.

화자인 '나'는 중력을 거스르는 자로 유한한 인간의 한계에 저항함으로써 전복적 사유를 바탕에 두는 낭만주의자가 된다. 따라서 죽음을 초월해 아내 하비바가 있고 아들이 있는 고향으로 갈 수 있는 존재로 변모한다. "바람보다 가벼워졌다."라는 문맥을 통해 그의 영혼이 "바다를 건너고 산을 넘는다. 국경을 넘어 마을로 향한다." 죽음을 초월할 수 있는 존재는 죽어서도 희망을 버리지 않는 존재일 것이다.

화자인 '나'의 염원이 불가능을 가능한 세계로 치환한다. "가나가 만지고 있을 초원의 풀 위로, 그리고 당신의 말라버린 성대 속으로" 돌아가고 있다는 데서 〈가나〉에 나타난 낭만성은 죽음을 통한 초월적 낭만성이라 하겠다.

부조리한 세계를 향한 반항 정신 : 〈구름동 수족관〉

죽음 속에 삶이 있고 삶 속에 죽음이 있다. 세계 내 부조리는 늘 존재해 왔다. 알베르 카뮈가 "나는 반항한다. 고로 존재한다"라는 말로 데카르트의 코기토를 변용한 것도 희망이 보이지 않는 절망적 상황을 실존의 반항으로 전화한 것이다. 〈구름동 수족관〉의 등장인물인 농과 송의 삶 역시 반항의 아이콘으로 읽을 수 있다. 그들은 삶의 의미를 찾을 수 없을 만큼 부조리한 상태다. 그들은 시시포스처럼 부조리한 상황을 등에 지고 삶의 산등성이를 오르내린다. 그러나 그들은 시시포스적 운명이라 여기며 순응하기보다 세계를 향해 반항하는 주체적 인물이다. 농은 딸 구름이와 살면서 탁자가 네 개뿐인 좁고 허름한 횟집을 운영하며 살고 있다. 농의 아내는 딸 구름이를 낳다가 죽었고 구름이는 왼쪽 눈의 피부가 흘러내리는 데다 입도 비정상인 장애아다. 사람들이 구름이를 혐오스러운 눈빛으로 바라볼 때 농의 마음은 "날카로운 막대기가 허파에 박혀 흔들리는 것 같다." 그럴 때면 농은 죽음을 생각한다.

> 구름 엄마가 죽고, 구름이가 울기 시작하면서 농은 산다는 것이 힘들다는 생각을 했다. 힘들다는 생각은 농에게는 어찌해야 할지 모르는, 대책 없는 감정이었다. 칼을 잡고 생선의 살을 바를 때마다, 그 칼로 그대로 왼쪽 손목을 부드럽게 떠내는 상상을 했고, 수족관에 하얀 거품이 쌓여 흔들리며 부서지는 것을 멍하니 보고 있으면 뒤척거리며 울고 있는 구름이를 물속에 집어넣고 싶었다. 하지만 농은 그러지 못했다.[9]

앞의 〈가나〉가 죽은 화자를 내세워 이야기를 이끌어 간다면 〈구름동 수족관〉은 죽을 만큼 고통스러운 삶을 지고 사는 존재들의 이야기다. 예컨대 타나토스적 상황에 직면해 있는데 이 같은 죽음충동(타나토스)은 동물에겐 없는 것으로 인간만이 스스로 죽음을 택한다. 농은 고통스

---

9) 정용준, 앞의 책, 154~155쪽.

러운 삶 앞에서 "생선의 살을 바를 때마다, 그 칼로 그대로 왼쪽 손목을 부드럽게 떠내는 상상"을 한다. 그리고 구름이도 죽이고 싶어진다. 그러나 이 같은 농의 죽음충동 이면에는 죽도록 살고 싶은 욕망이 은폐한다. 그러니까 농이 죽음충동을 행위로 실행하지 못한 이 '못함' 속에 부조리한 삶에 대한 반항으로써 낭만주의 정신이 희망으로 자리한다. 생의 고난 앞에서 자살은 문제의 소멸일 뿐, 해결이 아니며 그 문제 해결은 반항이라고 까뮈는 말했다. 다시 말해 삶의 파고 앞에서 도피가 아니라 그 파고를 되받거나 파도를 타고 살아가는 행위, 그 버팀이 곧 반항이다. 이렇게 버거운 삶에 반항하면서 농의 시선은 또 다른 실존인 송을 향해 있다.

송의 근무처는 "구름 침대"로 그곳은 집창존을 의미한다. 사람들이 혐오스럽게 바라보는 구름이를 안아주고 침을 흘리는 언청이 같은 입에도 서슴없이 뽀뽀를 한다. 그러한 송의 모습에서 농은 죽은 아내의 모습을 본다. 직업여성인 송은 한때 임신을 했었고 그때 그 아이를 낳고 싶었으나 그리할 수 없었다. 누군가에게는 자연스러운 일이었으나 송에게는 부자연스러운 일이었기에 그 내면에 상처가 깊다. 때문에 자신의 아이를 낳았다면 구름이 정도 되었을 것이라는 좌절된 욕망이 구름이를 자신의 아이를 대신해 투사된다. 그것은 사랑으로 변모한다. 대개 직업여성은 아이를 낳겠다는 생각을 하지 않는데 이러한 일반적 인식에서 벗어난 송의 생각은 카뮈의 반항적 실존을 대변하면서 모두가 예라고 할 때 아니오, 라고 할 수 있는 저항의 코드로서 낭만성을 함의

한다.

 어느 날 자신의 직업에 반항한 송의 얼굴과 몸엔 멍투성이가 되고 이를 계기로 농과 송의 관계가 진전된다. 그저 송을 바라보기만 하던 농의 심리묘사에서 송의 상처를 위해 연고를 준비했다는 행동묘사로 이어진 것이다. 농과 송은 그렇게 서서히 가까워지는데 그것은 바라보는 것에서부터 시작된다. 바라본다는 것은 여러 의미를 지닌다. 서로를 바라보면서 서로의 아픔을 바라보게 되었고 부조리한 삶도 바라보기 때문이다. 그 바라봄에서 부조리한 삶을 직시하고 반항이 싹튼 셈이다. 반항적 낭만주의자인 두 사람에게도 새싹이 올라온다. 그러니까 구름동에도 봄은 올 것이라는 희망의 기표를 투사한 것이다.

 이렇듯 정용준의 〈가나〉와 〈구름동 수족관〉에서는 개개인의 가치와 영혼의 가치를 인정하는 낭만성을 읽어 낼 수 있다. 저항과 반항이 낭만주의적인 것은 기존 세계에 안주하는 대신 비판 정신을 가지고 새로운 세계를 추구하기 때문이다. 프랑스 혁명이 일어났을 때 독일의 사상가들은 두 손 들어 환영했다. 이때 억압된 낭만주의자였던 칸트도 혁명을 인간을 해방시키는 위대한 걸음이라고 했다. 낭만주의는 기존에 대한 반역의 정신을 내포한 것으로 혁명적 사유이자 새로운 세계를 여는 근원이다. 이러한 낭만주의는 언제나 완결된 형태가 아닌 미완의 문학으로 표상된다.

사진의 감정 현상학
- 《밝은 방》 롤랑 바르트 (김웅권 옮김)

사진의 본질을 탐구한 이 책은 바르트의 마지막 저서이다. 그는 기존의 사진 이론에 의존하지 않으면서 사진이 지닌 감정을 파헤친다. 보편성 대신 개별성에 초점을 맞추고, 촬영자 대신 사진을 보는 자의 관점에 집중하면서 다양한 사진을 제시하고 해석한다.

이때 스투디움과 푼크툼은 사진의 특수성을 해석하기 위한 사유 도구이다. 그에 따르면 르포르타주 사진(스투디움)은 객체적이라면 개인의 감정을 찌르는 사진은 푼크툼으로 우연성과 개별성 그리고 모험성의 특징을 지닌다. 즉, 스투디움이 정보 제공, 재현, 충격, 의미, 욕망 등 다섯 가지 기능으로 사진 해석의 보편적 방법인 데 반해 푼크툼은 사진의 가려진 부분에서 개별 감정이 생성된다는 것으로 비의도적이고 순간적이며 불가피한 특징이 있다. 예컨대 바르트가 우연히 어머니의 어린 시절 사진, 이른바 '온실 사진'을 발견했을 때의 강렬한 감정은 의도하지 않은 감정의 분출로 푼크툼이 생성된 지점이다. 때문에 바르트는 푼크툼을 어떤 깨달음이 단번에 나타나는 것으로 선불교의 사토리(돈오돈수)나 하이쿠에 비견한다.

그런 그에게 어머니의 사진은 무의미한 하찮은 물건이 아니라 감정의 지시체로 변모한다. 바르트는 사진의 특수성과 지시체의 특수성을 연결하며 '그것은-존재-했음'이라는 사진의 본질을 추출한다. 사진에서 결코 부정할 수 없는 점은 사물이 거기 있었다는 사실이다. 여기서 바르트가 말하고자 하는 것은 예술이나 소통이 아닌 사진의 토대를 확립하는 지시대상에 있다. 사진의 본질 자체는 현상학에서 말하는 의식 지향 대상으로서 노에마라는 것이다. 그에게 사진은 공적이기보다 사적 지시체의 기능이 강한 감정의 매개물이다. 그러니까 바르트는 사진을 어두운 방(카메라 옵스큐라)이 아닌 '밝은 방'(카메라 루시다)에 가깝다고 언급한다. 사진의 노에마가 '그것은-존재-했음'이라는 존재 증명과 연결되듯 과거 그곳에 있었던 현실적 물체로부터 발산된 밝은 빛의 흔적 때문이다. 하여 바르트에게 '온실 사진'은 온실 속 그날 발산되었던 광선들의 정착지이며, 곧 어머니의 존재 흔적이다.

이렇듯 푼크툼이 작동하는 사진에는 사랑과 연민이 내재한다. 따라서 바르트의 사진론은 비의도적 감정의 발현으로써 사진의 감정 현상학이라 하겠다. 이미지의 진실과 현실 사이에 사진의 본성을 위치시킨 바르트의 사진의 존재론은 일견 하이데거적 현존재를 호명하기도 한다. 삶의 시간과 죽음의 시간이 겹쳐지는 사진 속 지시대상은 한순간에 머물러 있지 않고 과거와 미래의 중첩 속에서 살아가는 시간성을 내포하기 때문이다.

어쨌거나 바르트는 이 책의 결미에서 사진을 환상적 이미지들의 문명화된 코드에 종속시킬 것인지 아니면 사진을 통해 현실의 깨어남과 대결할 것인지 묻는다. 사진 이미지를 해석하는 두 갈래 길에서 어느 길이든 선택해야 하지만, 바르트는 자신의 결정을 유예하면서 사진의 존재론을 견인하는 동시에 디지털 이미지가 대세를 이루는 시대적 미결정의 물음도 배면한다. 이미지에 종속되기보다 주체적으로 사유하는 존재가 되라는 무언의 암시 때문이 아닐까.

애민의 경전 經典
– 《목민심서》 정약용

　백성을 사랑하는 마음[愛民]을 관리의 근본이라 여긴 다산의 생각들이 각각의 장마다 씀바귀처럼 피어 있다. 수령이 임지에 '부임'해서 '해관'할 때까지 행해야 할 바를 언급한 것으로 '율기' '봉공' '애민'은 수령의 마음가짐을 강조한 것이고 '이전' '호전' '예전' '병전' '형전' '공전' 육전에서는 행정과 사법 등 제반 업무에 대해 조언하고 있다. 특히 흉년의 구휼에 관한 '진황'에서는 과부, 홀아비, 고아, 늙어 자식이 없는 사람은 물론 전염병, 흉년의 굶주리는 백성들을 어떻게 보살펴야 하는지를 낱낱이 설파하고 있다. 이 책은 총 12부로 백성을 향한 다산의 마음이 곡진하게 배어 있는 '愛民書'라 하겠다.
　새롭게 부임하는 수령의 짐수레에 책 한 수레는 함께 가야 하는데 그렇지 못함을 꼬집으면서 업무에 관련한 서적은 기본이요 옛사람의 시집도 챙기길 권한다. 다산은 청렴함 못지않게 시문학에 대한 관심을 주문한다. 시를 사랑하는 마음은 곧 애민과도 통하기 때문이다. 임관 때와 마찬가지로 해관하는 관리의 수레에 "토산물을 싣지 않고 책수레만 끌고 간다면 어찌 맑은 바람이 길에 가득하지 않겠는가?"라며 안타까움을 반어적으로 표현한다. 굳이 '벼슬살이는 머슴살이'라는 속담을 거론하지 않더라도 예나 지금이나 현명한 공직자는 "관아를 여관으로" 여겨야 할 터이다. 마치 가을 새매가 가지에 앉아 있다 훌쩍 떠나는 것처럼 말이다. 다산의 권면대로 했다면 수령이 임무를 마치고 떠날 때 백성의 칭송이 온 나라에 퍼질 것은 자명하다.

 능력과 분수를 지키는 일과 청렴을 목민관의 으뜸 규율로 여긴 다산의 신념과 철학이 어디를 펴나 배어 있는 이유는 애민哀愍을 위한 애민愛民의 정신 때문이다. 《타인의 고통》에서 수전 손택이 타자의 아픔에 눈감지 않아야 한다고 언급한 것도 다산의 백성 사랑과 다르지 않다고 여겨진다. 다산이 기꺼이 '목민'할 마음은 있었으나 벼슬살이에 나아가지 못했기에 '심서'라 이름을 붙였다고 토로한 것도 같은 맥락으로 추론할 수 있다. 오늘의 관리에게도 내일의 관리에게도 애민은 첫째 덕목이리 할 수 있다.

 대개 유가 경전의 이해와 시문을 작성하는 것에 당락이 달려 있었던 조선 시대의 과거시험은 수령의 직무능력과 무관하다 보니 아전들이 수령을 농간하는 예도 비일비재했다. 따라서 다산은 수령의 바른 몸가

짐은 물론 아전들을 대하는 태도와 처신의 예들을 사소한 것에서부터 중차대한 일까지 적시한다. 수령된 자가 매사 어떻게 해야 할지 문제와 사례를 들어 안색과 말투까지 귀납적으로 세세히 제시하고 있다. 예컨대 수령의 법도를 강조하는 장에서는 백성을 이롭고 편하게 한다면 징벌의 경계를 넘나듦도 가능하다며 탄력적 운용을 언급한다거나 상사의 명령이 공법에 어긋나고 민생에 해를 끼치는 것이면 수령의 뜻을 굽히지 말라고 강조한다.

민생이 초췌해지는 것을 염려하면서 강자에게 원망받고 약자에게 은혜를 베풀어 지혜와 자비로 수령의 임기를 마쳐야 한다는 내용이 곳곳에 깨알처럼 박혀있다. 특히 환곡법의 폐해를 언급할 때의 다산은 슬픔으로 가득 차 있다. 부자들의 곡간은 차고 넘치는데 더 채우려고 간악하게 구는 게 흡사 현대판 주가조작과 환차익을 떠오르게 한다. 뭇 백성의 먹고사는 일을 해결하지 못한다면 국가의 존립 근거가 흔들리게 마련이다. 무엇보다 군포의 폐해를 시로 표현한 다산의 〈애절양哀絶陽〉은 그 시대 군정문란을 대표적으로 상징한다. 당대를 비판하는 다산의 목소리가 21세기를 가로지른다.

다산이 살았던 19세기는 민란의 시대로 백성의 삶은 피폐하기 그지없었다. 당시 아전들은 백성을 논밭으로 삼았고 백성의 껍질을 벗겼고 골수를 긁어내는 것을 농사짓는 일로 여겼다며 다산은 아전의 습성을 단속하지 않고서 백성을 다스릴 수 없다고 언급한다. 천하에 가장 천해서 의지할 데 없는 것도 백성이요 천하에 가장 높아서 신과 같은 것도 백성일진대 백성이 피폐할 대로 피폐해진 시대를 바로 잡으려 한 경세가가 다산이다. 성리학적 형이상학에 경도된 조선 사회를 바로 잡고자 했던 그가 실학을 강조한 것도 백성을 사랑하는 마음이 바탕에 있었기 때문이다. 부국강병의 본질을 애민에 둔 것이다. 사람이 사람인 이유를 인仁의 단서에 둔 유학이 조선의 통치이념이었듯《목민심서》는 관리의 지침서로 유교의 덕목이 주를 이루는 가운데 유교적 이념의 틀 안에서 백성의 안녕을 강조했다. 여기서 목민의 뜻은 본디 소나 양을 돌보듯이 백성을 잘 보살펴서 안녕한 삶을 누릴 수 있도록 한다는 의미로《성경》에도 등장한다. 유학과 기독교가 상통하는 지점이 곧 "愛民"일 것이다. 무릇 공직자라면《목민심서》한 번쯤은 숙독해야 하지 않을까. 19세기 조선의 상황이라지만 관리의 기본적 자질은 물론 심성과 자세는 그때나 지금이나 별반 다르지 않음이다. 관리의 부패와 비리와 적폐청산은 과거에만 필요한 일이 아니고 시대를 초월한다. 막스 베버도 다산의 말에 고개를 끄덕이지 않았을까.

이 책과 더불어 흩어진 국가의 기강을 바로 세우고 개조하는 데 중점을 둔《경세유표》와 억울한 백성의 마음을 헤아리기 위한 법정서《흠흠신서欽欽新書》역시 다산의 역작으로 백성을 위한 애민사상이 담긴 저서들이다. 다산이 자신의 사후에나 임금께 올리게 될 개혁안이라는 의미를 남은 게《경세유표》라면 사람의 목숨이 달린 형사사건에 대해서는 전문적으로 다루는 책이 있어야겠다는 생각에 별도로 쓴 책이《흠흠신서欽欽新書》이다. '흠흠欽欽'은 형사사건을 처리할 때 삼가고 삼가라는 뜻이다. 어쨌거나 이 같은 다산의 사상은 체제 전복을 꿈꾸지 않으면서 기존 체제의 토대 위에서 제도 개선과 혁신을 제시한다는 특징을 보인다. 응당 그 뒤에는 백성에 대한 사랑이 담겨 있다. 조선의 실학을 집대성한 다산 정약용, 그의 노블리스 오블리제 정신에서 비롯된 백성을 사랑하는 마음이 시대를 초월해 현대인의 心田을 경작하는 경전 같다.

비선형의 감성
- 《에로스의 눈물》 조르주 바타유(유기환 옮김)

　바타유는 이 책을 통해 근대 이성 담론의 베일에 가려졌던 에로티즘의 역사를 호명한다. 그는 3만 년 전 라스코 동굴 벽화의 기호에 투사된 의미를 심도 있게 해석하면서 벽화에 나타난 에로티즘을 인간의 욕망과 죽음 인식에 연결한다. 그에 따르면 에로티즘은 단순한 동물의 성적 활동과 다른 것으로 인간적 특성이다.

　인간과 동물의 근본적 차이는 죽음과 에로티즘의 인식 유·무에 있다고 언급한다. 인간의 욕망은 결핍에서만 발생하는 게 아니라 금기에서도 드러난다. 금기는 체제를 유지하기 위한 질서로 법이나 도덕에 해당한다. 바타유가 라스코 벽화에 나타난 금기와 위반, 연속과 불연속, 세속과 신성, 탄생과 죽음 등 각각의 대립들에 질문을 던지는 것은 에로티즘의 속성에 다가가는 것이기도 하다.

에로스는 사랑의 신 아프로디테의 아들로 사랑의 아이러니를 내포한 가운데 시대를 초월해 문학의 소재로 차용되곤 한다. 동양의 유교적 전통과 서양의 기독교적 형이상학은 에로스적 몸의 철학과 사상을 금기했는데 바타유는 종교와 사상이 에로스를 터부시한 것에 대해 불합리하다는 견해를 편다. 에로티즘과 도덕을 연결한 데 대한 문제 제기인 바, 선사시대 동굴 내벽에 남겨놓은 이미지는 인간의 욕망만을 의미하지 않는다는 것이다. 바타유는 노동과 유희의 관계를 설명하면서 예술의 탄생은 노동으로부터 비롯된 것이며 인간적 유희의 시초 또한 노동이었음을 강조한다. 인간이 동물과 다른 또 하나는 노동과 유희에 대한 인식 유·무이다.

에로스의 탄생을 시작으로, 고대부터 현대까지 인간의 에로티즘을 다룬 바타유의 사유는 인간의 인식을 담은 미술사를 통해 에로티즘과 종교의 관계를 위반과 금기의 시각에서 접근한다. 특히 미술사에서 에로티즘을 인식하는 양태와 흐름을 파악하면서 화가들의 작품을 디테일하게 배치해 에로티즘의 역사를 한눈에 볼 수 있도록 한다. 에로티즘의 차원에서 죽음의 표현과 연결시켰던 들라크루아의 시각과 인간이 의당 봐야만 하는 것이 아니라 실제로 본 것을 표현했던 마네의 언급이 눈에 띈다. 더하여 초현실주의 회화가 오늘날의 마니에리슴을 표현하고 있다고 하는 데서는 열병 혹은 욕망의 이미지화라는 맥락을 추론할 수 있다. 인습을 증오하는 예술가들의 그림은 본질적으로 끓어오름의 상태를 나타내는데 여기에는 귀스타브 모로, 피카소, 마티스, 르누아르, 반 고흐의 작품을 예로 든다.

 이러한 화가의 내면을 판단하거나 분류하기를 요구한다면 그림에 대해 말할 수 없다는 바타유의 말처럼 예술은 분출 상태를 끊임없이 유예하기 때문에 비선형적 감성의 상태에 산다고 하겠다. 인간적 욕망의 현현인 에로티즘은 무엇이라 정의할 수 없는 감성의 영역이기 때문이다.

 또 앙드레 마쏭의 작품들에 투영된 의식은 열정에 의해 깨어지기 쉬운 것이고, 르네 마그리트의 에로티즘이 독창적인 것은 에로티즘이 곧 시이기 때문에 마그리트의 에로티즘 역시 시 없이는 완전히 드러날 수 없다고 피력한다. 따라서 바타유의 에로티즘 인식은 열병, 열정, 욕망으로서 인간 내면에서 폭발하는 화산 같은 것이다. 에두아르 마네의 〈올랭피아〉를 퇴폐적 시각으로 접근하는 방식이 아닌 시적 이미지로 해석하는 것인데, 일테면 이 작품이 시가 되는 것은 그러한 내적 폭발의 이미지를 표현하고 있기 때문이다.

 한편 부두교의 공희(희생제물) 사제가 살아냈던 삶이 일종의 황홀경인 것도, 중국 왕조시대 백각형의 장면을 담은 사진도 인간이기에 가능한 형벌이며 폭력일 수 있는데, 그들의 고통스런 표정 뒤에 비치는 희미한 황홀경은 고통과 쾌락이 하나라는 통찰을 드러낸다. 박지원은 《열하일기》에서 웃음과 울음이 다르지만 같은 것을 말한 바 있는데 박지원과 바타유 사유의 교점이라 하겠다. 극단적 공포와 신성한 황홀이라는 완전한 대립, 곧 극과 극은 다르지 않다는 것이다. 바타유가 보기에 이러한 사실들은 에로티즘의 역사에서 피할 수 없는 일이다.

   세계가 다양화될수록 인간이란 무엇이고 인간은 왜 필멸의 존재인가를 묻곤 한다. 그러나 그 대답은 늘 유보된다. 불안정한 세계의 틈에서 끼인 미립자 같은 존재들은 늘 서로를 향한 응시 속에서 에로스적 질문을 멈추지 않기 때문이다. 바타유 역시 이성이 배제한 인간 근원 감성인 에로티즘의 역사를 파헤치면서 에로티즘을 경시한 기독교적 형이상학의 대척점에서 논점을 구축한 것이다. 인간이 의식하는 존재이지만 "의식의 빛"은 냉각되기도 함을 깨달아야 한다는 견지에서 애당초 깨어지기 쉬운 유리그릇과 같은 의식에 감성의 역사를 돋을새김한 것이다. 따라서 바타유가 궁극적으로 전하고자 하는 메시지는 선형적 이성의 뒤편에 자리한 비선형적 감성의 존재 질문으로 귀착된다.

실존의 묵시록
- 《닫힌 방》장 폴 사르트르(지영래 옮김)

    실존이 본질에 앞선다는 이 명제는 사르트르의 실존철학을 대변하는 문장으로 그의 희곡 《닫힌 방》에 투영된 실존적 사유와도 상통한다. 그러니까 본질이 존재 그 자체보다 근본적이고 불변이라는 기존의 관념 체계에 비판적 시각을 드러낸 사르트르적 실존으로서의 타자(대상)를 향하고 있다. 이 같은 사르트르의 철학은 《닫힌 방》에서 가르생, 이네스, 에스텔이라는 세 인물을 통해 드러난다. 급사라 불리는 사람에 의해 차례로 등장한 그들은 출구 없는 방에서 자신들의 죽음과 죽음의 이유를 되돌아본다. 그 방은 삶과 죽음, 자아와 타자, 선과 악 등 이분법적 논리가 적용된 사자死者들의 공간인 삶과 유리된 곳이다. 즉, 지옥으로 상정된 닫힌 공간에서 그들은 각자 지상에서의 삶을 되돌아보는데 이

때 지하의 '닫힌 방'이 지상이라는 외부로 열리는 구조이다. 이는 실존의 죽음이 삶과 분리되는 게 아니라는 인식을 보여준다. 산 자가 죽은 자를 기억하는 게 현실이지만 여기서는 죽은 자가 산 자의 세계를 반추한다는 측면에서 문학적 환상성이 수용되는 형태이다. 사르트르는 세속적이고 물질 중심적인 세계 속에서 문학의 형식인 환상을 옹호한다. 문학의 환상은 초자연적인 영역을 창조하는 것이 아니라 낯선 어떤 것 혹은 '다른' 어떤 것을 전도된 자연적 세계를 제시하는 특징이 있다. 다시 말해 환상은 초월적인 탐험으로부터 인간 조건의 전사轉寫로 방향을 돌리면서 인간화되기 때문이다. 이런 의미에서 사르트르는 환상물이 세계를 변형시키는 그 자체의 고유한 기능을 떠맡고 있다고 보는 것이다. 어쨌거나 지상과의 연결이 끊긴 극적 유폐의 지옥이라는 무대에서 인물들의 의식에는 불안과 공포가 유랑하게 된다.

    그곳에서 그들은 자신들의 죽음을 돌아보는 동시에 자신들이 함께 있게 된 이유가 우연인지 필연인지 묻는다. 우연이라는 가르생의 말에 이네스는 필연적으로 예정되어 있었다고 반박한다. 지상에서, 반전 운동가로 신문기자이자 문인이었던 가르생은 코기토적 대자 존재를 대변하는 인물이며, 이네스는 즉자 존재적 인물로 가르생과 대립각을 세운다. 사르트르적 대자 존재인 가르생은 주체적 인물이며 즉자 존재를 대리하는 이네스는 객관적 필연성을 나타내는 존재로 과거에 함몰되는 경향을 지닌다.

    한편 에스텔은 거울이 없으면 살지 못하는 외모 지향형 인물로 대자

(가르생)와 즉자(이네스) 사이를 이간하는 동시에 가교로 기능하는 중간적 존재로 묘사된다. 이처럼 각기 다른 인물들이 지상에서 지은 죄로 인해 '닫힌 방'에 갇힌 것이 불확정성의 우연이든 예정설의 필연이든 그것은 관계의 지옥으로 명명된다. 그들은 공생, 공존하는 방법이 서로 화합하는 길뿐이라는 사실을 알고 있음에도 서로를 향한 날카로운 시선을 거두지 않는다. 이때 "우리가 우리 속에 있는 괴물을 알아보게 되면" 지옥에 왜 왔는지 알게 될지도 모른다는 가르생의 대사는 자신 안에 있는 괴물인 또 다른 타자를 인식해야 한다는 실존적 언표로 현시된다. 대타對他존재[10]의 인식 때문에 가르생은 '너'의 작은 움직임에도 '나'라는 존재는 진동을 느낄 수밖에 없으므로 홀로 구원받을 수 없다는 인식을 드러내기도 한다. 그렇지만 유령 같은 타자의 시선으로 인해 가르생은 지옥의 형틀에 찢기거나 유황불에 태워지는 현상적 고통이 더 낫다는 생각에 갇히기도 한다.

그러니까 《닫힌 방》은 바슐라르가 《공간의 시학》에서 언급한 안온한 이미지와는 거리가 멀다. 어둠이 인물들의 내면과 외면을 무겁게 누르는 공간인데 그 이유는 내면의 불화가 아닌 타자와의 불화로 인한 것으로 나타난다. 그렇게 타자로 인한 내면의 고통이 극에 다다른 순간 지옥문이 열린다. 그러나 지상의 세계를 갈망하던 그들은 정작 문이 열리자 밖으로 나가지 못한다. 아이로니컬하게도 닫힌 방에 스스로를 유폐

---

[10] 국가와 관련해서는 너는 국민인 것처럼 나에게 속해 있기는 하지만 언제나 타인과 관련해서 성립하는 존재.

시킨다. 유폐를 선택한 존재의 내면에는 언제나 타자를 염원했다는 암시적 대목이다. 타자를 지옥이라 명명했으나 그 지옥은 타자 때문이 아니라 관계적 실존으로서 주체적 존재의 선택으로 인한 것임을 의미한다.

"지옥은 타자들"이라는 결론 이면에는 타자들은 천국이라는 의미가 숨겨져 있으며, 닫힘은 닫힘에서 끝나는 게 아니라 늘 열림을 전제한 닫힘이라는 상징 또한 유추할 수 있다. 삶과 죽음, 천국과 지옥은 연결되어 있다는 저자의 말이 묵음으로 남는 구조이다.

이로써 "계속하지."라는 가르생의 마지막 발화는 원환적 실존의 묵시록으로서 관계의 지속을 상징한다. 나아가 본질적 완성체가 아닌 실존적 미완의 존재인 인간이 타자와의 관계망 속에서 멈춤 없이 나아갈 것을 암유한다.

까다로운 주체[11]의 목소리[12]
- 《적을수록 풍요롭다》 제이슨 히켈(김현우·민정희 옮김)

1. 성장의 덫, 탈성장의 이유

히켈은 현대를 많을수록 빈곤해지고 적을수록 풍요해지는 모순의 시대로 읽으면서 자본주의 시대 생태 위기와 관련해 탈성장의 이유를 언

---

[11] 히켈은 《적을수록 풍요롭다》(2021)에서 사회의 힘에 의하여 조종되고 그것에 의하여 해체되는 그런 주체가 아니라 이 사회 구조를 변혁시키고 바꿔 나갈 수 있는 저항하는 주체들의 반성을 촉구한다. 이 시대의 화두인 환경문제를 위한 고민에서 비롯된 것으로서 지젝의 《까다로운 주체》(2005)와 연계해 살펴볼 수 있는데 지젝은 여기에서 데카르트의 주체를 언급하며 데카르트의 코기토적 유령이 서구사회를 지배해왔다는 맥락에서 칸트, 헤겔 등 여타의 철학자들과 라깡의 정신분석적 산섭에서 분석한다. 말하자면 포스트모더니즘이 해체한 주체 개념을 끌어와 타자성 담론에 의문을 제기한 것으로서 주체를 해체한 타자성 역시 또 다른 이데올로기로 기능한다는 것이다. 히켈의 논지에서 지젝의 언술을 읽을 수 있다.

[12] 이 작품은 《수필미학》 통권 제40호에 기발표한 것으로 일부 수정 보완한 것임을 밝힌다.

급한다. 탈성장이란 경제가 안전하고 공정한 방식으로 에너지와 자원의 과도한 사용을 계획적으로 줄임으로써 생명 세계(자연계)와 균형을 이루도록 하는 것이다. 그동안 의식의 성장이든 경제적 성장이든 성장에 대한 세계의 인식은 멈춤 없는 진보의 이미지로 각인되어왔다.

특히, 자본주의 시대는 성장이 하나의 코드로 작동함으로써 개인이나 사회조직이 선택할 수 있는 옵션이 아니라 정언명령처럼 기능한다. 그만큼 세계는 끊임없이 성장을 추동해왔다. 그러나 미래의 경제 성장은 이전보다 더 많은 자원과 에너지 소비를 요구하게 될 것이므로 에너지 수요는 증가할 수밖에 없고, 재생에너지를 향한 전환은 늘어나는 수요를 신속히 충당할 수 없다는 게 히켈의 주장이다.

그는 이처럼 성장이 전제되는 한 지구의 미래는 장담할 수 없다며 브레이크 없는 성장이 왜 문제인지를 심도 있게 파헤친다. 화석연료를 사용하는 기업도 문제이지만 더 심층적인 이유는 지난 수 세기 동안 지구를 지배해온 자본주의 경제 시스템이 생태계 파괴의 원인이라는 분석이다.

일테면 자본주의가 여타의 경제 시스템과 달리 지속적인 팽창 또는 '성장' 중심으로 형성되어왔음을 지적하면서 가장 패권적인 이데올로기 중 하나인 성장 메커니즘이 지구를 종말로 이끌고 있으나 여전히 견고한 이념적 지지를 받고 있다는 것이다. 정치인들 역시 성장의 이익을 어떻게 분배할 것인가를 놓고 논쟁을 하기는 하지만 성장 자체를 추구하는 것에 관해서는 언쟁보다 단결하는 양상이다.

그러나 성장은 더 이상 실존의 조건일 수 없다. 설혹 성장을 추구한다 해도 그 성장은 누구를 위한 성장인지 묻지 않을 수 없다. 따라서 어떻게 하면 소득과 자원이 평등하게 분배되는 사회가 될 것인지 물어야 하며 탈성장이 선택의 문제가 아니라 죽느냐 사느냐의 문제라고 저자는 목소리를 높인다.

2. 저거너트juggernaut, 자본주의의 폭력성

저거너트는 인도 신화에 나오는 수레 이름으로 멈출 수 없는 폭력적인 힘을 의미한다. 히겔은 자본주의 등장과 그 배경을 추적함으로써 환경 파괴의 원인과 해결책을 모색하는 과정에서 저거너트적 자본주의의 폭력성을 언급한다. 말하자면 자본주의 인식에 대한 일반적 오해를 불식시키기 위한 것이 아닌 자본주의가 기술혁신을 추동했으나 그 뒤에는 공유지를 사유화한 인클로저 운동의 실상과 강자에 의한 약탈, 그리고 노예무역 등의 폭력적 측면이 은폐되어 있었음을 밝힌다.

지주의 자본축적을 위해서 토양을 황폐화한 자본주의는 생래적으로 지배층의 부를 축적하는 하나의 이즘인 것이다. 경제학자들은 초기 축적이 자본주의 등장에 필수적이었음을 인정해왔다.

애덤 스미스는 이를 선행 축석이라고 했으나 카를 마르크스는 축적이 수반하고 있는 폭력의 야만적 본질을 강조하기 위해 '본원적 축적'을 강조했으며, 선행 축적이 순수한 저축의 과정이 아니라 약탈의 과정이었다는 것이다. 자급자족 경제가 무너지고 농민들에게 주어진 자유 노동자라는 이름도 허울일 뿐이라며, 자본주의 등장은 자연스럽고 불가피한 과정이 아니었다고 언급한다.

그러니까 우리가 알고 있는 것처럼 점진적 이행도 없었고 평화도 없었다는 것이다. 자본주의의 등장은 농노제를 폐지한 진보적인 혁명에 조직화된 폭력을 가해 역사를 후퇴시켰으며, 유럽인들의 아메리카 식민지 수탈 역시 교과서에서 배운 '탐험'과 '발견'의 낭만이 아니라 농민혁명으로 인해 지배층의 축적이 어려워지자 일어난 식민지화 정책의 하나였을 뿐이라고 설파한다.

교육계도 강자의 논리 혹은 성장 메커니즘에 함몰되어 자본주의의 긍정적 측면을 가르쳐왔다는 히겔의 지적은 저거너트와 같은 인간의 욕망을 호명한다. 라캉적 욕망의 구조에서 "주체는 대상에게 욕망을 느낀다. 그것이 자신의 결핍을 완전히 채워줄 것이라고 믿기 때문이다. 그것만 얻으면 아무것도 욕망하지 않으리라 믿는다.

그러나 그 대상을 얻어도 욕망은 여전히 남는다."(자크 라캉, 권영택 엮음, 민승기·이미선·권택영 옮김, 《욕망 이론》, 문예출판사, 1994) 라캉은 대상을 실재라 믿고 다가서는 과정이 상상계요, 그 대상을 얻는 순간이 상징계라고 한다. 얻으면 욕망이 사라지는 게 아니다.

여전히 욕망은 남아 있고 다음 대상을 찾아 나서는 게 실재계다. 그러니까 욕망의 소멸은 죽음에 직면했을 때에야 가능하다. 인간은 대상을 향해 끊임없이 욕망하는 주체인 것이다. 이는 자본주의 성장 메커니즘의 속성이기도 하다.

오늘날 세계는 부유한 정부건 가난한 정부건 GDP에 초점을 맞추는데, 이 역시 자본주의의 폭력성과 관계한다. 말하자면 국가는 성장이라는 이름으로 노동자의 권리를 축소하고 환경보호 정책을 대폭 줄이고 개발업자에게는 공공 토지를 개방하고 공공 서비스를 민영화하라는 압박 속에서 선택의 여지가 없다. 성장 추구라는 정언명법에 갇혀 경제 생산의 구체적 사용가치로서 인간의 필요 충족은 추상적 교환가치로서 GDP 성장에 종속되었다는 게 히켈의 주장이다.

그는 자본주의 경제가 생산성의 덫과 부채의 덫에 걸린 1945년 이후 GDP의 가속화에 힘을 실어주었고 이는 생태학적 관점에서 잘못된 시작이라며 까다로운 주체로서의 목소리를 각인한다. 20세기 중반부터 대기업들은 '녹색' 없는 녹색 혁명이라는 이름으로 성장을 부르짖었고 이후 산업형 농업으로 인해 토양 생태계는 물론 해양 생태계 파괴를 몰고왔다. 대개 사람들은 기후변화가 주로 기온의 문제라고 생각하는 경향이 있다. 허리케인, 폭염, 산불 등의 사건들은 미디어의 헤드라인 뉴스가 되는데 현실적이고 실질적인 느낌으로 다가오기 때문이다.

그러나 그것은 빙산의 일각일 뿐 결국 모든 해안이 물에 잠길 것이고, 식량 비상 상황으로 인해 대규모 이동이 일어날 것이며, 기근과 태풍, 그리고 해수면 상승에 따른 경작지의 축소는 어떠한 재앙을 유발할지 가늠할 수 없다. 더 무서운 것은 이러한 상황이 은폐되어 있다는 것이다. 즉, 생태계의 대멸종은 운석이나 화산과 같은 외부 충격에 의해

서라기보다 내부 문제가 연속해서 고장 나기 때문에 일어난다. 가시와 비가시의 생태계는 복잡한 네트워크 형성되어 있기 때문인데 간과할 수 없는 것은 인류세 이데올로기라는 담론이다. 강대국들은 생태계 파괴가 누구에게나 책임이 있는 것처럼 인식하게 만들지만 고기 소비의 생태 발자국 하나만 보더라도 케냐인에 비해 미국인의 그래프가 더 높은 것은 주지의 사실이다.

이러한 결과는 남반구와 북반구의 불평등 양상에서도 동일한 패턴으로 드러난다. 북반구가 겪는 피해는 자주 언급되지만, 남반구의 기후 파괴로 인한 피해는 텔레비전 화면에 잠깐 등장할 뿐이기 때문이다. 남반구의 기후 붕괴로 인한 정신적 피해는 강대국의 식민통치로 인한 트라우마 맥락에서 접근해야 함을 강조하는 이유다.

3. 애니미즘과 유기체적 자연관

히겔은 인간과 자연을 상호 의존성 측면에서 애니미즘적 자연관을 언급함으로써 미래를 견인하고자 한다.

자연을 친척처럼 대하는 아마존의 부족 공동체인 아추아족은 동식물도 인간과 마찬가지로 영혼을 지니고 있으며 주체성과 의지 그리고 자의식까지 지니고 있다고 여긴다. 따라서 그들에게 인간 중심적 자연관에서 비롯된 존재의 대사슬 따위는 설 자리가 없다. 생태적 가치를 내재한 애니미즘 사상은 자본주의의 핵심 논리인 "더 많이 빼앗는" 것과는 본질적으로 다르다는 논지이다.

이는 조엔 엘리자베스가 《세상에 나쁜 벌레는 없다》에서 벌레들과 인간의 관계를 물음으로써 해답을 찾고자 했던 것과 일맥상통한다. 인간적 시각에서 '다른' 존재를 파괴하기보다 평화로운 공존의 길을 제시한 그녀의 관점은 한때 계몽주의 사상가들이 애니미즘을 후진적이고 비과학적이라고 경시했던 것과는 다른 관점에서 접근한 것이다.

히겔 역시 과학의 예를 들어 계몽주의자들의 주장에 반박한다. 인간도 미생물 유기체로 구성되어 있다고 밝힌 생물학자들, 나무들도 상호 소통하며 눈에 보이지 않는 토양 속 균근 네트워크를 통해 공유한다는 것을 밝힌 생태학자들, 그리고 개별 입자들이 다른 입자들과 뗄 수 없을 정도로 얽혀 있다는 사실을 입증한 양자물리학자들에 따르면 계몽주의자들의 애니미즘 사상 경시는 잘못이라는 것이다.

따라서 히겔은 지구가 살아 있는 거대한 유기체처럼 움직인다는 다양한 예시를 통해 탈성장의 이유를 제시하고 나아가 생태적 자연관으로의 사상적 전회를 촉구한다. 말하자면 자연을 착취와 이용의 대상으로 바라보았던 근대 베이컨과 데카르트의 이원론적 자연관으로부터 탈피를 주장한다. 그러니까 인간중심의 사유를 배태한 데카르트적 유령이 근대와 현대를 가로질러 여타 생명의 가치를 떨어뜨리는 지렛대 역할을 한 격이다.

우리가 일상에서 사용하는 '천연자원', '원자재'라는 말도 자연을 예속의 대상으로 인식한 예로 데카르트 리트윗과 같다며 히겔은 데카르트를 리트윗하는 한 존재론적 이원론의 상속자라고 비판한다.
철학자들 또한 종종 세련되게 데카르트를 리트윗했으며, 포스트모더니즘조차도 이원론을 극단에 빠지게 했다는 것이다.

4. 희망과 절망 사이

생태 붕괴의 문제를 해결할 수 있는 수십 개의 아이디어가 있으나 이를 실행하지 못하는 것은 용기가 없기 때문이라는 히켈의 발화 뒤에는 탈성장을 향한 까다로운 주체의 목소리가 가로놓여 있다. 그는 개별 존재자들이 주체적으로 판단하고, 상상하고, 창조할수록 이 세계를 변모시킬 수 있는 동력도 상승할 수 있다고 본다. 즉, 주체를 향한 주체의 목소리다. 무엇보다 자본가들이 성장을 위해 커먼즈(공공의 부)에 세웠던 장벽을 허물고 성장주의 이데올로기에서 벗어나야 한다는 것이다.
히켈은 에너지 수요를 감축하고 재생에너지로의 전환을 요구하면서 궁극적으로, "자본주의는 풍요의 조건 아래에서는 작동할 수 없다."는 요르고스 칼리스의 말을 인용해 풍요가 성장의 해독제라는 결론에 다다른다. 요컨대 소수의 풍요가 아닌 다수의 풍요가 해독제인 것이다. 경제가 지구의 위험 한계선 내에서 작동하도록 재조직하고, 지구의 생명 시스템을 유지해야 한다는 논리에서의 탈성장의 주창이다.
하지만 탈성장이 기후 위기로부터 탈출할 수 있는 완벽한 대안일 수는 없다. 개혁적 변화에 따른 심층적 논의가 필요하다. 그렇다 하더라도 개혁을 추동하는 인간 내적 심성이 필요한 시기임은 분명하다. 일찍이 노자가 《도덕경》에서 사사로움을 적게 하고 욕망을 줄이라는 의미의 '소사과욕少私寡欲'을 언급했는데 새삼 이를 호명하는 이유이다.

노자는 인간이 사사로움과 욕망을 없앨 수는 없는 일이라는 차원에서 적게 하고 줄이라고 언급한 것인데, 인간을 이해하는 측면에서 노자의 이러한 사상은 현대의 히켈 사상과 연결시킬 수 있겠다. 히켈이 언급한 적을수록 풍요로운 시대라고 언급한 것은 욕망 줄이기와 관계하기 때문이다. 헨리 데이비드 소로 역시 《월든》에서 '자발적 가난'의 명제를 통해 까다로운 주체로서의 탈성장을 실천한 사상가이다. 따라서 최근 일어나고 있는 미니멀리즘 운동은 실천적 지성으로서 주체 존재들의 용기이기도 할 것이다.

소수 지배 권력과 자본의 노예가 되지 말라는 히켈의 발화는 생태 위기를 넘어서기 위한 것으로서 주체들에게 행위를 요구한다. 기업의 광고 줄이기, 소유권에서 이용권으로 전환하기, 식품 폐기 없애기, 생태계를 파괴하는 산업의 규모 줄이기, 불평등 줄이기 등 다양한 방법을 동원해 실행하는 것이 포스트자본주의로 가는 길이라는 것이다. 인간에게 호흡을 멈추라고 설득할 수 없는 것처럼 자본주의에게 성장을 제한하라고 설득할 수 없다던 머레이 북친의 말을 인용했던 히켈은 결미에서 우리가 용기를 낼 수 있다면, 다른 미래를 써 내려갈 힘은 우리 안에 있다는 것으로 절망 뒤편에 있는 희망을 배양한다.

다시, 인간을 묻다
― 《지구의 절반》 에드워드 윌슨(이한음 옮김)

> 내가 보기에 대부분의 사람들은 자연을 소중히 여기는 마음이
> 별반 없는 것 같다. 그들은 자연의 온갖 아름다움을 향유할 수 있는
> 자신의 몫의 권리를,
> 일정 액의 돈을 받을 수 있다면 팔아넘기려 하며,
> 그중 많은 사람들은 럼주 한 잔에 그것을 팔려고 한다.
> ― 헨리 데이비드 소로, 《야생사과》, 〈소로의 일기〉에서

1. 탈주체적 인간

인간을 주체의 위치에 두고 자연을 비주체로 인식하는 태도는 구별 혹은 차별적 인식을 나타낸다는 데에서 탈구조주의자(후기구조주의자)들에 의해 비판되었다. 그들은 인간중심주의에서 벗어난 탈주체적 객

관주의를 내세우는데 여기서 탈중심적 주체로서 탈주체적 인간이라면 '나'는 어디에 있고 개별성과 특수성은 어디에 있는지 의문이 생길 수 있다. 이러한 의문을 불식시키는 방법은 인간이 인간들 사이에서만 경쟁하는 게 아니라 세계의 모든 것들과 경쟁하는 관계적 주체라는 점을 인식하는 것이다. 다시 말해 병렬식으로 연결된 관계론적 주체가 곧 탈중심적 주체라는 말이다.

에드워드 윌슨이 "인간이란 무엇일까?"라는 질문을 이 책의 머리말에 앉힌 것도 탈주체를 호명하기 위한 포석으로 읽힌다. 윌슨은 사회, 과학, 철학, 역사 등을 아우르면서 인간의 특징을 언급하는데 사회생물학자로서 그의 인간론은 다소 냉소적이고 비관적이다.

그에 따르면 인간은 "플라이스토세 말 영장류 진화 사건의 운 좋은 산물"이고 "단기적인 미래를 중시하는 오만하고 무모하고 치명적인 성향을 지닌 자"이다. 그러니까 플라이스토세 말, 지질 시대의 신생대 제4기(약 180만 년 전에서 1만 년 전) 여러 생물권 중에서 살아난 운 좋은 산물일 뿐이라며 신격화한 인간을 냉엄하게 되돌아본다.

6,500만 년 전 시작된 신생대를 지질학자들은 팔레오세, 에오세, 올리고세, 마이오세, 플라이오세, 플라이스토세, 홀로세로 나눈다. 지금은 인류세(인류의 시대)이다. 윌슨은 먼 미래의 지질학자들이 인류세를 "급속한 기술 발전과 최악의 인간 본성이 결합된 불행한 시대"로 기억할 것이라 예견하면서 인류뿐 아니라 "다른 모든 생명에게도 끔찍하기 그지 없던 시대"로 파악할 것이라고 경고한다.

하등 생명체와 인간이 다르지 않다는 인식 뒤로 그의 비판은 직설적이기까지 하다. 하지만 그의 비판은 비판으로 끝나지 않는다. 그 이면에는 지표면의 절반을 자연에 위임해야만 자연을 이루는 생명체들을 구할 수 있다는 공존의 대안이 자리한다.

인간 이외의 나머지 생명에 대한 존귀함을 되찾아야만 인간에게 미래가 있음을 강조하며 탈주체적 인간을 재호출한 것이다.《지구의 정복자》,《인간 존재의 의미》,《지구의 절반》은 에드워드 윌슨의 인류세 3부작이라 불린다. 이 책은 그의 인류세 시리즈 중 문제 해결책에 해당하는데, 지구 생태계를 위한 청지기로서의 인간을 톺아볼 수 있다.

2. 생태계의 청지기

산업 혁명과 함께 '성장과 개발'은 세계 각국의 목표가 되었다. 인간의 욕망처럼 죽지 않는 목표가 되어 환경 파괴라는 '아이'를 낳게 된 것이다. 종과 생태계의 생물 다양성이 금세기 말까지 대부분 사라질지도 모른다는 윌슨의 우려는 모두의 우려가 된 지금이다.

국제 자연 보호 협회는 늘 인간을 염두에 두었고 그로 인해 세계 야생지들은 인간의 즐거움을 위한 정원으로 가꾸어지거나 휴양지 천연자원 보관소 정도로 인식했다.

윌슨은 이 같은 인식을 전환해야 할 때임을 강조하며 야생의 청지기가 될 것을 청한다. 기후변화는 '우리 자신이 낳은 아이'이므로 지구 재양육의 책임과 의무가 우리 자신에게 있음을 피력한다. 아직은 생물 다양성의 많은 부분이 남아 있지만, 그들을 구할 시간이 급속히 줄어들고 있다는 윌슨의 언급이 아니라도 우리는 코앞에 닥친 지구의 위기를 목격하고 있다. 환경론자든 아니든 금세기의 가장 큰 화두는 환경임은 두말할 나위 없다. '인간적인 너무나 인간적인' 윌슨의 호소는 그만큼 지구의 시간이 절박하다는 방증이다.

생물 다양성을 구하려면 종들이 어떻게 상호 작용해 생태계를 형성하는지를 이해할 필요가 있는데 그는 일반 대중뿐만 아니라 과학자들도 확실히 알아야 한다는 것이다. 윌슨은 생물 다양성 관점에서 인간이란 무엇인지를 시종 물으며 동식물의 개체가 빠르게 줄어들고 있는 이유가 "거의 전적으로 인간 활동" 때문인데 다양한 지구의 생명체에 대해 아직 거의 모르고 있다고 질타한다. 모든 것을 알 수 있을 것이라는 막연한 믿음을 버리라는 지적이 따갑다.

인간은 수백만 종의 생명체를 그저 징그러운 것으로 치부하는 경향이 있다. 그야말로 무지한 인간이 스스로 친 허울에 갇힌 꼴이다. 이 같은 인식에 경종을 울리듯 윌슨은 인간 이외의 종들 역시 숨을 멎게 할 만큼 경이로운 존재라며 눈에 보이지 않는 생명체도 수천 년 혹은 수백만 년의 역사를 지닌, 생존 경쟁 속에서 지금까지 살아남았음을 각인시킨다. 인류에게는 특정 시점에 지구에 존재하는 생물들의 집합으로 식물, 동물, 조류, 균류, 미생물 등 모든 살아 있는 생물권이 필요하다. 생명의 경이는 인간에게만 적용되는 게 아님을 자각하라는 메시지 뒤로 인간만이 최고라는 오만함에 질문을 던진다. 탈주체적 관점에서 단편적이나마 생물 다양성의 장엄함을 이해해야 한다는 것이다.

일찍이 노자는 아유삼보我有三寶를 언급했는데 첫째는 자慈요, 둘째는 검약이요, 셋째는 감히 천하의 앞서는 것이 되지 않는 것[曰不敢爲天下先]이다. 또 무위당 장일순은 《나락 한 알 속의 우주》에서 "동심의 세계에서는 '내가 인간인데!' 하고 잘났다는 생각"이 없다고 말한다. "땅과 하늘이 없으면, 물과 빛이 없으면, 공기가 없으면, 미물들이 없으면, 이 우주가 없으면 나락 하나가 되지 않는다"는 장일순의 마음은 동심과 연결된다. 이지(이탁오)는 〈동심설〉(《분서》)에서 동심을 "진실한 마음"이며 거짓을 끊어버린 순진함으로 사람이 태어나서 가장 처음 갖게 되는 본심이라고 말한다. 시간과 공간을 달리해 존재했던 그들이지만 동심을 강조하며 인간의 처음 마음인 동심의 중요성을 일깨운다. 미소한 지구 생명체를 바라보는 윌슨의 시선에서도 동심이 느껴진다.

윌슨은 종을 연구할 때 생물 다양성 계층 구조(생태계, 종, 유전자)의 단위로 이해하고 연구할 수 있어야 한다고 역설하면서 생태학 개론에서 배운 먹이그물 모형이 과연 참인지 묻는다. 그처럼 단순한 그물이 자연에는 드물다면서 기이하고 독특하게 진화한 자연 생태계 먹이그물의 예를 든다.

깡충거미를 '흡혈귀 사냥꾼'이라 부르기도 하고 기생 생물의 창의성이라는 표현을 하면서 유럽회색가지나방의 애벌레를 '좀비 주인'이라 칭하는 데서 동심이 엿보인다. 길앞잡이의 한 종인 멜로에 프라키스키

누스(Meloe franciscanus)를 속임수를 써서 진화한 '사기꾼'으로 표현하면서 곤충과 식물 등을 인간과 동등한 위치에서 바라본다. 그는 찰스 다윈의 《종의 기원》을 인용해 생태계의 청지기로서의 인식을 확고히 한다. 예를 들어 "온갖 종류의 많은 식물들로 뒤덮이고, 덤불에서는 새들이 노래하고, 온갖 곤충들이 날아다니고, 축축한 흙 속에서 벌레들이 기어 다니는 무성한 강둑을 찬찬히 살펴보면서, 이 정교하게 구축된 형태들, 서로 너무나 다르면서도 그토록 복잡한 방식으로 서로 의지하고 있는 생물들"이 인간과 지위가 다르지 않음을 곰곰이 생각하라는 것이다. 인간의 오만과 자만이 작금의 기후 붕괴 사태를 초래했음을 재차 질타한다.

3. 문명의 바깥으로

윌슨이 주창하는 지구 절반의 이론은 과연 실현 가능할까. 그저 유토피아적 허상일까. 지구 온난화라는 말이 무색하게 된 지금 지구는 기후 변화, 기후 붕괴라는 말까지 나올 정도다. 그의 이론에 가부를 논할 처지가 아니다. 가뭄, 사막화, 산불, 집중호우, 태풍, 한파와 폭염은 일상이 된 지금 우리는 어떻게 해야 할지 물을 수밖에 없는 현실이다. 윌슨이 말하는 '여섯 번째 멸종'의 유일한 해결책은 자연 보호 구역의 면적이 지표면의 절반 이상이 되도록 늘리는 것이다.

"한 종의 역사는 하나의 서사시"라는 사실을 인지하는 것과 함께 지식을 축적하는 지구상의 유일한 생명체인 인간의 지혜가 지구 생물 다양성의 지도를 작성할 수 있기를 기대한다. 그러려면 거주지, 민물, 식량 생산과 운송, 개인 교통, 통신, 관리, 다른 공공기능, 의료지원, 매장, 오락에 쓰이는 땅을 포함하는 생태 발자국의 축소가 무엇보다 중요하다. 그에 따른 생물 다양성 보전 능력의 향상은 확대적 경제 성장이 아닌 집약적 경제 성장으로 대체되었을 때 가능하다. 지구 전체가 하나의 생태계이고, 지구를 우리가 원하는 모습이 아니라 있는 그대로의 모습으로 바라보자는 윌슨의 생태 리얼리즘이 심장을 두드린다. 지표면의 절반을 보전할 때 지구의 생명이 온전히 안전지대로 진입할 수 있다는 그의 이론은 지구의 주요 서식지들을 생물 지리학적으로 살펴본 결과에서 추출한 것으로 심리적 한계를 극복하기 위한 절박한 목소리이기도 하다. 현재의 자연 보전 운동은 그저 큰 위기에 처한 서식지와 종을 표적으로 삼아서 지키기에 급급한 것이다. 하지만 '지구의 절반'은 눈앞에 닥친 사건이 아니라 목표이다. 지구 보전의 판 자체를 바꿔야 한다는 것이다. 문명의 바깥으로 인식의 방향이 바뀌어야 한다. 현대의 철학자와 과학자들 역시 기후 위기에 목소리를 높이는 것도 그 같은 맥락이다. 특히 《객체들의 민주주의》에 나타난 레비 브라이언트의 평평한 존재론은 주체 없는 객체론으로 가장 위험한 세계관인 인간 중심적 세계관에 대해 경종을 울린다. 이는 윌슨의 사유와 상통하는 부분이다. 인간이 무엇인지를 다시 묻는 것이다.

  윌슨 생태학의 종착지라 할 수 있는 이 책은 미래를 위한 우파니샤드와 같다. 그는 자연 야생지는 모든 존재가 지녀야 할 생득권이라 역설하며 희망을 놓지 않는다. 그것은 환경과 인간의 관계에 관한 도덕성에서 근본적인 변화가 일어나야 가능할 것이다. 일테면 이타주의적 본능이 답일 수 있는데 윌슨은 다윈이 강조한 이타심에서 답을 찾는다. 다윈은 애국심과 충성심 그리고 복종과 용기 등 심적 동기가 강한 부족은 서로 돕고 공공선을 위해 자신을 희생할 수 있는 이타심이 늘 준비되어 있다고 말한다. 하여, 윌슨은 도덕 기준과 덕망 있는 사람들의 수가 늘어날 것이라 믿으며 존재의 도덕성에서 미래를 견인한다.

전오영 서평집

사유의 여백

인쇄 2025년 10월 19일
발행 2025년 10월 25일

지은이 전오영
발행인 서정환
펴낸곳 수필과비평사
주 소 서울특별시 종로구 삼일대로 32길 36, 305호(익선동 운현신화타워)
전 화 (02) 3675-3885 (063) 275-4000
팩 스 (063) 274-3131
이메일 sina321@hanmail.net
출판등록 제300-2013-133호
인쇄·제본 신아문예사

ISBN 979-11-5933-607-2 03100
값 16,000원

Printed in KOREA

* 저자와 협의하여 인지는 생략합니다.
* 잘못된 책은 바꿔 드립니다.

본 도서는 (재)전북특별자치도문화관광재단 '2025년 문화예술육성지원사업'에 선정되어 보조금을 지원받은 사업입니다.